最新修订版

学术

与 —————— 天降之任

政治

［德］马克斯·韦伯－著

王容芬－译

Wissenschaft
als Beruf

Politik
als
Beruf

中央编译出版社
CCTP Central Compilation & Translation Press

目　录

2012 年三版译序

　　1971 年底出生的 K.T. 古腾贝格男爵出身政治世家，同名祖父曾为联邦总理府次官长，夫人的曾祖是铁血宰相俾斯麦。古腾贝格本人的政治人缘比血缘和姻缘更佳：31 岁起连续三届被选民直选为国会议员，2009 年，古腾贝格先后出任联邦经济部长和国防部长，政绩可圈可点。《明星》周刊 2009 年 6 月的民意测验表明，61% 的人对经济部长古腾贝格的工作满意，这是德国历史上民意对一个经济部长最高的评价。[①] 调任国防部长后，古腾贝格身先士卒，甚至偕夫人去阿富汗劳军。前任和部下造成的一件件棘手问题考验了他的工作能力和应变素质。在保证士兵安全的前提下，他推行了前所未有的军队改革，精兵简政，改义务兵役制为募兵制，大刀阔斧关闭国内兵营，减砍装备。抵制来自各方：关闭兵营减少了地方收入，遭到地方政府抗议；德国的义务兵中有相当多的人服民役，是医院、护理机构的无偿劳力，取消义务兵役制遭到的抵制可想而知；反对党为了拉选票，更以国家安全为由竭力攻击军队改革。在巨大的压力下，改革方案义无反顾，古腾贝格树敌，联邦政府受益，仅去年一年，就省下 10 亿欧元的国防开支。这样一位政坛新

---

　　① 参见 Stern.de，2009 年 6 月 12 日政治家民意指数专栏："政坛新秀古腾贝格"。http://www.stern.de/wahl-2009/umfrage/politiker-beliebtheitsskala-guttenberg-ist-der-shootingstar-703451.html。

秀理所当然成为媒体焦点人物，根据 2008 年 11 月—2010 年 4 月的媒体调查，《明镜周刊》和《南德意志报》每隔一期就有一篇有关古腾贝格的报道或采访，《焦点》杂志和《时代》周报有关他的报道间隔比例为 40%，《法兰克福汇报》为 1/3。百姓喜闻乐见的《小报》和新闻杂志《焦点》对古腾贝格更是爱护有加，后者十篇里有九篇是褒文。[①]

贵族出身的企业家古腾贝格选择了以政治为业，成为德国战后第一个卡里斯马领袖人物，却因为学术问题丢官弃职。今年 2 月 16 日，古腾贝格博士论文涉嫌剽窃见诸媒体，论文多处引文未注明出处。联邦总理默克尔 2 月 21 日出面支持古腾贝格，称"古腾贝格先生是一位优秀的国防部长。我请他入阁，是作为国防部长，而不是助教或什么有博士学位的教学人员"[②]。2 月 23 日，拜伊罗特大学撤销古腾贝格的博士学位。3 月 1 日，古腾贝格在不能承受的压力下辞去国防部长职务，同时放弃了联邦议会席位。此后，他分别向所有被他引用而未注明出处的作者致信道歉，[③] 但否认"蓄意剽窃"。5 月 11 日，拜伊罗特大学公布的调查结果认定古腾贝格在博士论文中有故意舞弊行为，明显粗暴违反良好学术实践的准则。论文中有的地方构成了剽窃，古腾贝格重置原文、改动语法、使用同义词或者不注明引文出处，其前提是蓄意欺骗。[④]

拜伊罗特大学对学术实践的理解与韦伯不尽相同，按照"以学术为业"里的说法，完成教授论文、取得授课资格并开了课才算开

---

① 参见 Petra Hemmelmann，媒体的宠儿 Der Liebling der Medien，载 TAZ Online, 25. February，2011 年 2 月 5 日。

② 参见 http://www.faz.net/s/Rub0D783DBE76F14A5FA4D02D23792623D9/Doc~E97F3B6F0DC0D497191DB95BAA55D3037~ATpl~Ecommon~SMed.html。

③ 参见 http://www.spiegel.de/politik/deutschland/0,1518,750521,00.html。

④ 德国电视一台 5 月 6 日新闻联播提前报道了报告主要内容：www.tagesschau.de/inland/guttenberg886.html。

始学术实践。做博士学位是受教育阶段的事，古腾贝格花六年写了博士论文，但没在大学或研究机构工作过一天，选择了以政治为业，却栽在学术伦理上。拜伊罗特大学的结论一出，有人便以剽窃受害者的身份投诉检察机关，试图把古腾贝格打成刑事犯，让他永远回不了政坛。基督教社会民主党法律专家盖依思却认为："我看不出这能阻止古腾贝格重返政坛。拜伊罗特大学的判决有一定的分量，但没重到能堵住古腾贝格回来之路。"[①] 在民主国度，政治人物的命运最终还要选民说了算。2009 年的国会大选中，古腾贝格以68.1% 的高票当选，蝉联三届。下一届如果古腾贝格出来竞选，民意会如何？乍暖还寒的五月，古腾贝格 T 恤衫已经占据了夏装市场，配的文字有"古腾贝格二次革命"、"古腾贝格回来"等。人们在呼唤德国久违了的卡里斯马。

古腾贝格本人尚未对拜伊罗特判决表态，似乎有难言之隐。笔者曾经考察过韦伯在学术实践中受到的惩罚，也只能用"难言之隐"四字来表达。

比起六年写出一本博士论文的古腾贝格来，韦伯进入学术实践真是走了捷径。拙著《独裁与霸权——从历史、作者生平和著作史角度分析马克斯·韦伯的卡里斯马蓝图》[②] 曾质疑韦伯写教授论文《罗马农业史对公法和私法的意义》的时间：从 1889 年 10 月动笔到 1891 年 5 月向出版社交稿，总共一年零七个月，这期间韦伯社会活动频繁，出席第一届新教社会大会、参与编辑《新教世界》和《新教社会时代问题》两份报纸、受社会政治协会委托调查易北河以东农业工人状况；此外还要准备陪审员考试和去不莱梅、哥廷

---

① 德国电视一台 5 月 6 日新闻联播提前报道了报告主要内容：www.tagesschau.de/inland/guttenberg886.html。

② Cäsarismus und Machtpolitik：*Eine historisch-biobibliographische Analyse von Max Webers Charismakonzept*, Duncker & Humblot Press, 1997.

根、莱比锡等地求职，另外还参加了八周军训，剩下能集中用于写论文的时间已经很有限了。迄今能够看到的与教授论文有关的韦伯手稿只有1889年10月抄录的31页引文，其中13页引自拉赫曼的《罗马土地测量员文集》。[①]到了1891年3月，韦伯还写信给建议他做教授论文的赫尔曼·鲍姆加滕，表示毫无兴趣写这样的书。[②]教授论文的出版克服了柏林大学法学系的阻力，使韦伯取得大学授课资格，然后获得国民经济学教席。然而，学术生涯之始也成为韦伯患病之始，日益严重的神经衰竭症使他不能上课。16个学期挂着国民经济学教授之名，又上不了课，最后韦伯不顾家人反对辞去教授职务。那本教授论文为韦伯敲开了学术生涯的大门，最终却成了一块沉重的不能再沉重的封墓石板，韦伯的自裁不比古腾贝格所受的制裁轻松。可喜的是，释去重负，韦伯的病好了；失去了大学丰厚的收入，赢得了自由写作的时间。他的传世之作全部产生于不做教授的年代，这之前，除了生病，只有两篇无足轻重的短文。

第一次世界大战爆发后，韦伯生命的重心移到政治上。战争第二天，50岁的韦伯就放下手里的儒教与道教研究，投笔从戎，参与建立海德堡野战医院。次年野战医院解散，韦伯退役，选择了以政治为业。参与组建德国民主党，起草呼吁书，发表演讲，大量政论文，包括长篇宪政论文，成于"一战"期间。[③]战后，韦伯关注德国的国家形式，主张修宪，变普鲁士一统制为联邦制，在民选议会

---

① 参见 Cäsarismus und Machtpolitik：*Eine historisch-biobibliographische Analyse von Max Webers Charismakonzept*, Duncker & Humblot Press, 1997, pp.81–83.

② 参见爱德华·鲍姆加滕主编：《马克斯·韦伯其人其作》，蒂宾根：J.C.B. 莫尔出版社1964年版，第76页。

③ 这些论文和演讲稿收集在《马克斯·韦伯全集》第15卷《论战争中的政治——1914—1918年间的文章与演讲》里。

之外另设"州院",通过直选总统树立对议会的卡里斯马权威。[1]他曾有意代表德国民主党竞选国会议员[2],玛利亚娜·韦伯直言不讳:"韦伯有卡里斯马,如果被人们直接选为政治领袖,他会视为他久久等待的'天降大任'。"[3]

玛利亚娜·韦伯的诠释不仅提供了历史假想的空间,也提供了解读本书的两篇演讲的密码:无论学术之业还是政治之业,都是伦理之业。在"以学术为业"演讲中,韦伯将献身学术和献身政治提到了人格的高度:"在学术领域中,只有纯粹献身于事业的人,才有'人格'可言。不仅学术领域如此,我们尚不知,哪位伟大的艺术家没有献身于自己的事业,而是干别的名堂。说到艺术,纵然像歌德这样的大家,当他冒昧地想把自己的生活当成艺术作品时,在人格上也受到了报复。谁要是怀疑这点,那么,为了以身试法,他只好当一次歌德。至少,每个人都承认,即使歌德这样的几千年才出现一次的大才,也不能不为这种冒昧付出代价。在政治上,也是这样。"只有付出过代价的人才能说出这样的肺腑之言。"以政治为业"的演讲则是韦伯对时代的表白:他选择了以政治为业。这是 1919 年 1 月 28 日。4 月,韦伯被任命为慕尼黑大学国民经济学教授,接替退休的卢约·布伦塔诺;5 月又被任命为巴黎和会德国代表团顾问,参加凡尔赛会议,为保护德国的利益和民族尊严多方奔走;6 月正式重返讲坛。一学期下来,旧病复发。一年前在维也纳大学那一学期,他已经承认:"我天生是拿笔杆子、登台演说的,

---

[1]　参见玛利亚娜·韦伯:《马克斯·韦伯传》,蒂宾根:J.C.B. 莫尔出版社 1984 年版,第 650—652 页。

[2]　参见菲根:《马克斯·韦伯》,王容芬译,北京:生活·读书·新知三联书店 1988 年,第 136 页。

[3]　参见玛利亚娜·韦伯:《马克斯·韦伯传》,蒂宾根:J.C.B. 莫尔出版社 1984 年版,第 654—655 页。

不是上讲台的料。经验固然痛苦，但明白无误。"①

德国韦伯全集出版委员会编辑部艾蒂·韩克博士阅读此文初稿并纠正了关于韦伯赴慕尼黑大学任教的时间错误。在此谨致诚挚谢意。

2011 年 5 月识于威斯巴登

2011 年 12 月 12 日，负责数字议程的欧盟委员会副主席尼丽·克略斯宣布，她已聘请古腾贝格加盟欧盟"持续战略"旗下的"如何长期支持专制国家的网民、博客作者和网络活动家"项目，担任外交事务顾问。"欧盟委员会顾问"一职是义工性质，名副其实以政治为业。

2012 年 7 月又识

---

① 玛利亚娜·韦伯：《马克斯·韦伯传》，蒂宾根：J.C.B. 莫尔出版社 1984 年版，第 625 页。

2008 年再版译序

1917 年 11 月 7 日和 1919 年 1 月 28 日，韦伯应自由学联巴伐利亚分部邀请，在慕尼黑作了主题为"以学术为业"和"以政治为业"的演讲。这是巴伐利亚自由学联组织的系列演讲中的两篇，学联原计划将所有演讲汇编成集，但没做成。出过韦伯博士论文和教授论文的 Duncker & Humblot 出版社为两篇演讲出了两个单行本，付印前作者悉心按照记录修改过，某些部分甚至改动了原意。1920 年 4 月韦伯故去，遗孀玛利亚娜为他编辑文集，将这两篇分别收进《科学理论论文集》和《政治论文集》，两篇演讲得以流传。本书即由两部文集收录的修定篇译出。这次中译本再版修订时参考了 1992 年德文版《马克斯·韦伯全集》第 17 卷（以学术为业 / 以政治为业）。

"业"是一个伦理概念

韦伯所说的业很有讲究，在《新教伦理与资本主义精神》第三章"路德的'业'概念"里，韦伯做了一个将近 3 页长的注释[①]，专门讲这个业。德语里的 Beruf，现在是职业的通称；古德语的名词 beruof，原意是信誉、声名，动词则有感召之意。马丁·路德翻译

---

① 马克斯·韦伯：《宗教社会学论文集》，蒂宾根：J. C. B. 莫尔出版社 1972 年版，第 63—65 页。

《七十子圣经·西拉子智训》第 12 章第 20、21 节时使用了这个词的动名态 Berufung，使希腊原文中的"职位"和"工作"有了奉神之召的含义。从此 Beruf 成了职位，授予官职叫 Berufung，仍有奉召之意。教授是教育界的官职，要由大学所在州主管教育的州长任命，某人被任命为教授，叫作"奉召做教授"。韦伯的两篇演讲的题目使用的也是 Beruf，这个业就有了使命的含义，不是养家糊口的饭碗，而是作为使命的职业，伦理之业，或者叫天职。因此，韦伯的两篇演讲不同于他的以往的学术著作，包括早期的法学和国民经济学著作及成熟的政治学和社会学著作，也不同于他在"一战"中和战后的大量政论文及政治演说，因为讨论的对象是具有伦理价值的职业，所以它们更像哲学论文。

以学术为业

作"以学术为业"的演讲时，韦伯是自由人。14 年前他辞去海德堡大学的教职，那门受罪的国民经济学课，毁了他的健康，耗干了他的激情。开课那几年，他成了频频请病假的老病号，一篇文章也没写出来。辞职以后，韦伯完全换了一个人，病好了，学术成果累累硕硕，参与创办《社会科学与社会政策》期刊，完成了《新教伦理与资本主义精神》、《新教教派与资本主义精神》、《经济与社会》以及包括《儒教与道教》在内的世界宗教的经济伦理的部分研究。此外还有不少政论文，特别是宪政论文。今天韦伯全集收录的作品，绝大多数出自这个时期。这期间，韦伯不仅学术多产，还频频参加社会活动，参与成立德国社会学会，在海德堡的家里开着星期天沙龙，还经常外出开会演讲。仅 1917 年就去图灵根参加了两次劳恩施泰因文化大会，一次在圣灵降临节期间，一次在 9 月。劳恩施泰因古城堡的这个著名活动是出版商欧根·迪德里希[①]主办的，旨在把学术界、文化界、政界的名流介绍给年青一代，可见那时韦伯已是抢眼的名人。9 月会议的主题是"政治与文化生活中的领袖问题"，由韦伯做开幕报告"名人与生活秩序"，讲现代社会的政治领袖。[②]他自己扮演的恰恰是这样的角色，在不少年轻人心目中，韦伯就是他们的政治领袖。两次会议之间，韦伯受慕尼黑进步人民协会邀请去慕尼黑讲过"德国人民对德意志帝国宪法委员会的期待是什么？"[③]这一年的夏天，他还在《法兰克福》报上发表了一系列政论文，批判德国的官僚体制和政党制度。[④]

不当教授的时间里，韦伯有过一段军旅生涯。1914 年 7 月"一战"爆发，50 岁的韦伯毫不迟疑地报名入伍，被分配到海德堡后备野战医院委员会担任纪律检察官，算是就地从戎。每天 13 个小时的办公室工作一直持续到 1915 年 9 月 30 日后备医院解散。韦伯奉命退役，一起从军的二弟[⑤]和最小的妹妹的丈夫[⑥]却再也回不来了。

1917 年 11 月 7 日，韦伯演讲的听众也是一个刚刚经历了战争

---

① 欧根·迪德里希（1867—1930），有影响的德国出版商，以出版文学、艺术和哲学著作著称。

② 关于韦伯在两次文化会议上的发言和报告，参见《马克斯·韦伯全集》德文版第 15 卷第 701—707 页，没有全文，只有报道和斐迪南·滕尼斯的手记。

③ 参见前引书第 710—719 页《慕尼黑最新新闻》、《慕尼黑—奥格斯堡晚报》和《慕尼黑报》的报道。

④ 这些文章后来由柏林 Duncker & Humblot 出版社结集出版，定名为《新组建的德国的议会与政府》，见前引书第 432—596 页。

⑤ 韦伯的二弟卡尔 1915 年阵亡。

⑥ 韦伯最小的妹妹莉莉的丈夫赫尔曼·舍弗尔，"一战"开始不久即死在波兰战场。1915 年 8 月，韦伯曾陪妹妹去波兰扫墓。

的年轻群体，同一天发生的德皇威廉二世赞助的俄国革命①丝毫没
有冲淡人们对战局的悲观，沉闷的会场上下交融。韦伯像和自家兄
弟谈心，和盘托出自己学术生涯中的感受和伦理认同，引导立志以
学术为使命的年轻听众走上他认为正确的人生之路。韦伯从德国和
美国大学的人事体制对比入手，先介绍了在德国大学从事学术或者
说做教授的前提和程序，然后进入学术工作本身，逻辑与方法是定
位基础，在这个基础上提升研究的知识价值，即有新意，学术工作
才有意义。然后韦伯进入学术的内核——把学术作为人生使命，奉
内心召唤，献身学术事业。韦伯将献身精神提到人格的高度，"只
有纯粹献身于事业的人，才有'人格'可言"。在韦伯心里，献身
是普世伦理，不仅学术领域如此，做什么都要全神贯注。比如文学
创作艺术，"纵然像歌德这样的大家，当他冒昧地想把自己的生活
当成艺术作品时，在人格上也受到了报复"。他特别鄙视在学术界
"以戏班子班头自居"的人，他们"把自己应当献身的志业，拿到
舞台上表演，想借助'阅历'证明自己了不起……这种人肯定没有
'人格'。今天，这种现象大量上市，处处透着一股小家子气，也降
低了当事人的人格。这种人问，如何才能出人头地，而不全神贯注
于自己的任务——仅仅是任务。这种全神贯注，能把一个人提高到
他准备献身的志业的高度，给他以使命感和尊严"。这些话今天依
然如高悬明镜，照出伪学者心里藏的"小"来。在韦伯眼里，他们
是没有人格的存在物。

　　韦伯反对在学术研究中采取某种立场，学术研究避不开诸神之
争，真的未必善，善的未必美，美的未必真，效忠某一位神，势必

---

　　① 参见维格莱弗、克劳斯等：《陛下的革命家》，载《明镜周刊》2007 年第 50 期，
第 34—44 页（Wiegrefe, Klaus u.a.: "Revolutionär seiner Majestät", in: *Der Spiegel*
Nr.50 /2007.）。

得罪别的神。在诸神之争中，韦伯主张忠于自己的良心，这样才能得出终极的、内在的、有意义的结论。韦伯将此视作为道德力量效劳，有责任感而恪尽职守。这些教导发自肺腑，赋予演讲深厚的哲学意义。

演讲中也有言不由衷的地方，比如反对教师把政治理念带上讲坛，不赞成学生把教师视为政治领袖。韦伯实际做的恰恰相反，他在弗赖堡大学的就职演讲就是一篇民族主义宣言，把国民经济学定性为"民族持久权力利益的婢女"①。"以学术为业"演讲之前两天，他还在慕尼黑超党派群众大会上做题为"反对泛德意志危险"的讲话，提出"永不结城下之盟"的口号。当时媒体报道，"可以肯定的是，他不是作为学者，而是作为政治家来讲话的"②。在学生心目里，韦伯早已是他们的政治领袖，尤其是在劳恩施泰因古堡会议之后，领袖宣传立竿见影。这时候韦伯再来反对讲坛上的政治理念，反对学生对教师的政治崇拜，越发言不由衷。

---

① 韦伯在就职演讲中如是说："德意志国家的国民经济学和德意志的国民经济学理论家只能是德意志的……我们要教给后人的不是和平与人类幸福，而是为保存和发展我们的民族之种而无尽斗争。我们不能乐观，以为最大可能地发展了经济和文化，就大功告成了，发展成就高的民族会借助自由和平的经济竞争成为胜者。我们要对历史负责的，首先不是传给后人什么样的国民经济组织，而是我们从世界上争来并给后人留下多大的活动范围。权力斗争最终也是民族权力利益的经济发展过程，民族权力利益受到质疑时，就是终极的决定性的利益，经济政策要为民族权力利益服务，国民经济政策学是一门政治科学。它是政治的婢女，不是行使统治的掌权者和阶级的日常政治的婢女，而是民族的持久权力利益的婢女。"（《马克斯·韦伯全集》第 4 卷第 560—561 页。）

② 参见《马克斯·韦伯全集》第 15 卷第 724—725 页，《慕尼黑最新新闻》的报道；关于韦伯的讲话及媒体评价还可参见该书第 726—732 页，《慕尼黑—奥格斯堡晚报》、《慕尼黑邮报》和《巴伐利亚信使报》的报道。

以政治为业

到了"以政治为业"演讲时，情况又发生了巨大变化。德国输了自己发动的战争，用韦伯的口头禅来说，德国人如今成了"政治贱民"。德国政体正在从根本上变革，由君主制走向共和。这期间韦伯积极参与政治活动，与瑙曼①共同创建德国民主党。他的统治社会学已成为社会话题，②"合法统治的三种类型"已经定型。来慕尼黑之前，他在维也纳大学开了一学期"经济与社会"课，专门讲统治社会学。无论从政治学的角度还是从政治实践的角度，韦伯都有资格讲这个题目，但是他选择了另一个角度——哲学的角度，把演讲重点放在政治家的伦理上。

卡里斯马政治领袖

韦伯从他的三种类型中专门提出卡里斯马统治来，因为卡里斯马领袖最富有为政治献身的精神，是真正以政治为业的政治家，与为了生计而从政的人有本质的区别。韦伯把依靠服从者对"领袖"纯个人的"卡里斯马"的皈依的统治看成政治事业的最高表现。对先知、军事领袖或民众领袖的皈依意味着，这个具有卡里斯马的个人在人们内心深处是天降大任的领袖，人们不是根据习俗或章程来服从他，而是出自对他的信任，皈依的是他的人格人品。

一个以政治为业的人应该具有什么样的个人前提呢？韦伯提出三个对于政治家特别重要的素质：热情、责任感和判断力。热情就是献身于一项事业，责任感就是把对事业的责任当作行动指南，判

---

① 弗里德里希·瑙曼（1860—1919），马克斯·韦伯之友，德国民主党第一任主席，魏玛议会成员。

② 参见《马克斯·韦伯全集》第 22 卷第 3 册第 752—758 页，新自由社报道。

断力是沉静地面对现实的能力，对事对人的分寸。韦伯把"没有分寸"看成是一切政治家的不赦之罪之一。政治"人格"之"强"，在于具备这些素质。"政治意味着兼用热情和判断力坚毅地钻透硬木"。韦伯这句话如今仍常被德国政治家引用。

韦伯也承认，在卡里斯马统治类型中，领袖并不是权力之争中唯一起决定性作用的角色，更重要的倒是他们所拥有的辅助手段。任何政治暴力统治都需要一定的外在物质手段，卡里斯马统治靠的是领袖的追随者和信徒。但人们不是白追白信，而是相信追求这个人会得到报偿。领袖也必须给追随他的人报偿：精神的报偿，如报仇雪恨；物质的报偿，如官职奖赏，即政治学所谓的"分赃"。

领袖与追随者之外的广大群众，作为被统治者，他们对领袖的崇拜和狂热从何而来？韦伯以英国为例，指出为了运动群众，而加强了纯粹的情绪手段，这是"建立在利用群众情绪基础上的专政"。茫然无知的群众只有通过宣传才会被鼓动起来，为领袖及其追随者所用。政治宣传与宗教传道及经济广告都是通过传播手段达到争取人的目的，依靠人气的卡里斯马领袖更离不开宣传。希特勒1924年在《我的奋斗》里就已指出："宣传的艺术在于，把握广大群众情绪化的想象天地，用心理学上正确的方式找到通往广大群众的注意力和心田之路。"①

囿于时代，韦伯难以看到这种建立在个人崇拜基础上的统治类型的极权走向。

信念伦理与责任伦理

韦伯把伦理分为信念伦理和责任伦理："一切伦理性的行动都

---

① 参见：http://de.wikipedia.org/wiki/NS-Propaganda。

可以归于两种根本不同的、不可调和的对峙的原则：信念伦理和责任伦理。这不是说，信念伦理就是不负责任，责任伦理就是没有信念。当然不能这么说。不过，究竟是按信念伦理准则行事——用宗教语言来说，就是'基督徒做对了，成绩归功于上帝'——还是按责任伦理原则行事：就是说，当事人对其行动的（近期）后果负责，两者有着天壤之别。"

这种区别类似中国 80 年代初的"两个凡是"和实践是检验真理的标准的讨论，不过韦伯所说的信念伦理基于西方人的基督教信仰，基于"善"，不同于基于个人崇拜、基于阶级斗争理论的"两个凡是"。韦伯批判信念伦理，不是批判它追求"善"的目的，而是"在许多情形下，'善'的目的与人们对道德上可疑的、至少是危险的手段以及产生恶的副作用的可能性或几率的容忍分不开。世上没有一种伦理能够表明：什么时候在什么范围内，伦理上善的目的把伦理上危险的手段和副作用神圣化了"。他断定，用目的神化手段，信念伦理也注定要失败。因为"它只有一种逻辑可能，那就是摈弃任何使用道德上危险手段的行动"。除了逻辑上的难题，韦伯进一步指出信念伦理不能回避的现实世界，在现实世界的关键时刻，一向标榜以爱还暴、以德报怨的信念伦理家，往往"大声疾呼使用暴力，最后的暴力，它会带来消除一切暴力的局面……这是最后一次，它将带来胜利与和平"。信念伦理家使用暴力，因为他们是宇宙伦理的"理性主义者"，"受不了世界上伦理的非理性"。

韦伯对付信念伦理悖论的方法很简单，就是回到政教分离，回到马丁·路德，把对战争的责任从个人肩上卸下，转给政府。在他看来，除开信仰，个人在任何事情上服从政府，这当然也包括使用暴力，都不会有罪。在此基础上，韦伯提出了政治伦理的特殊性，这是由人类团体掌握的合法暴力的专门手段决定的。任何人，特别是政治家，不管为了何种目的同意采用这种手段，都必须跟着它的特殊程序亦步亦趋，最后还要听任它的特殊后果的摆布。谁要想用暴力建立起人世的绝对正义，必然需要人，需要由人组成的机构。政治领袖的成功取决于他是否能不断地给予机构内的人报偿，以使机构运转。这样一来，他所依靠的是这个机构的动机，而不是他本人的动机。他在这种条件下所能达到的目标和程度，并不取决于他自己的动机，而是追随者行动的动机，而这些动机从伦理角度看大都低俗小气。按照这个逻辑，政治的异化成为必然。但韦伯认为，只要有一部分追随者真心实意信仰领袖的人格和事业，他就能胜利。

很难设想利益不同的人组成的队伍如何取胜。韦伯这样自圆："谁要想从事政治，特别是从事职业政治，他就必须意识到那些伦理上的悖谬，意识到他对自己在这种悖谬的压力下发生的变化所要负的责任。他在……与魔鬼的势力为伍，因为这种势力潜伏在任何暴力中。"这是责任伦理。对另一种领袖，韦伯不便使用信念伦理，只好说他们的追求不在此世："在出世的博爱和慈悲方面炉火纯青的大家，不论他们来自拿撒勒、阿西西还是印度的王宫，都不曾利用政治手段：暴力，来布道。他们的王国'不属于这个世界'，但他们过去和现在都在这个世界工作。"

韦伯的推论至少与《圣经》的记载有出入。路加大夫是个实在人，记述了耶稣基督刚出道时的一件事："有人把先知以赛亚的书交给他，他就打开，找到一处写着说：'主的灵在我身上，因为他用膏膏我，叫我传福音给贫穷的人。差遣我报告被掳的得释放，瞎眼的得看见，叫那受压制的得自由。'"①青年耶稣的政治理想是在人间建立天国——一个光明和自由的国度。耶稣出生于罗马铁蹄下，是一位天生的革命者。如何实现这个政治理想，《马太福音》

---

① 《路加福音》4：17—18。

记述了耶稣的话："从施洗约翰时代到如今，天国容许了一次又一次暴力进攻，施暴力的人们夺取它。"[①]（这是笔者的译文，与《圣经》的通行译本有天渊之别。通行译本把耶稣的话译成："从施洗约翰的时候到如今，天国是努力进入的，努力的人就得着了。"不知是否有意曲译。）2000年来，耶稣主张暴力夺取政权的意思在主要《圣经》译本里都保存了下来。[②]纵观基督教史，这支宗教的兴起与发展始终伴随着暴力。《圣经》并不讳言使徒西门是奋锐党人。[③]虽然时间上可能有误，但耶稣门徒里有暴力革命者是事实。西门追随耶稣，似乎不好用韦伯上面的机构报偿说来解释。西门是信徒，他的主张应该来自耶稣，至少不能与耶稣的主张相悖。即使到了基督教皇帝君士坦丁时代，教会仍未放弃暴力，剿灭希腊罗马本土的异教毫不留情。

关于早期基督教，其实更适用"用目的神化手段"，或者说，教会有时也按责任伦理行事，通过政治行动，即使用暴力手段来来达到目的。

---

① 《马太福音》11：12。

② 希腊语原文：ἀπὸ δὲ τῶν ἡμερῶν Ἰωάννου τοῦ βαπτισοῦ ἕως ἄρτι ἡ βασιλεία τῶνοὐρανῶν βιάζεται καὶ βιασταὶ ἁρμάζουσιν αὐτήν. 马丁-路德德译文：Seit den Tagen Johannes'des Täufers bis heute wird dem Himmelreich Gewalt angetan, die Gewalttätigen reißen es an sich. 流行德文本译文：Aber von den Tagen Johannes des Täufers bis heute leidet das Himmelreich Gewalt, und die Gewalttätigen reißen es an sich. 英文本译文：From the time John preahed his message until this very day the Kingdom of heaven has suffered violent attacks, and violent men try to seize it. 希文 βιζεται、德文 Gewalt 和英文 violent 都是暴力，德文 antun 的被动式和leiden 的主动式以及英文 suffer 都是遭受、忍受、容忍，没有"努力"的意思。

③ 《使徒行传》1：13。

伦理之争的实际意义

"以政治为业"是"一战"的产物,其时韦伯已被指定为巴黎
和会德国代表团顾问,责任伦理正是他对代表德国面对《凡尔赛和
约》的政治家的人格要求,他本人极力维护德国的利益,使战败
国的损失降低到最小程度。当时慕尼黑是动荡中心之一,1918 年
十一月革命,德皇威廉二世退位,巴伐利亚王路易三世出逃,以主
和派艾斯纳[①]为总理的巴伐利亚共和国成立。韦伯对政局失望,一
度收回演讲的应许,在 1919 年初给演讲组织者比恩鲍姆[②]的信中说
他没资格讲政治家的职业,并建议瑙曼来讲这个题目。瑙曼因病不
能担纲,韦伯还是不打算讲。比恩鲍姆告诉他,有几位同学想请艾
斯纳来讲这个题目。韦伯立即改变了主意,挺身而出,他说绝不能
让一个"信念伦理家"占据学联讲坛。[③]

艾斯纳尖锐抨击帝制和战争政策,主张欧洲和平,因而被右翼
势力视为眼中钉。1919 年 2 月 21 日,艾斯纳遇刺身亡。共产党趁
机推翻巴伐利亚共和国,成立巴伐利亚苏维埃共和国。列宁闻讯,
立即致电祝贺。4 月 1 日,苏维埃内阁会议通过决议,任命韦伯为
慕尼黑大学教授。[④]这个政权存活到 5 月 3 日,巴伐利亚白军军团灭

---

① 库尔特·艾斯纳（1867—1919），左翼独立社会党党员,新闻记者,1919 年 2 月被
右翼组织图勒会成员阿柯瓦雷伯爵暗杀。

② 伊曼努埃尔·比恩鲍姆（1894—1982），巴伐利亚自由学联成员,1918 年十一月革
命以后参与建立慕尼黑大众学生会,后来又参与成立德国学生会。"二战"中流亡北欧,参
加抵抗运动。战后任《南德意志报》外交政策部主任。

③ 参见雷内·柯尼希等主编:《马克斯·韦伯纪念文集》（德文版）,奥普拉登:西德
意志出版社 1963 年版,第 21 页。

④ 巴伐利亚在线:《马克斯·韦伯——慕尼黑伟大的思想家》（BR-online:"Max
Weber – der große Denker in München"）,http://www.br-online.de/br-alpha/alpha-
campus/muenchner-gelehrte-DID1206700054415/muenchner-gelehrte-max-weber-
gelehrter-D671202497900857481.xml? _requestid=614827.

了苏维埃，慕尼黑成为右翼政治的老窝，孵化出希特勒和他的国社党。希特勒在《我的奋斗》里交代，对出卖战争的十一月革命的愤怒促使他决定从政。[①]

韦伯在演讲中抨击的另一位所谓"信念伦理"人士、"政治稚童"弗尔斯特[②]，主张追究战争责任，受到右翼学生和教师的围攻，1920年愤然辞职，离开喧嚣的慕尼黑。他在国外出版的《德国人的绝症》一书里紧急呼吁德国人警惕纳粹上台。1933年，弗尔斯特是纳粹开除国籍名单上的第一个，他的著作被焚，狂热的学生骂他是"信念流氓加政治叛徒"。1946年弗尔斯特在《新苏黎世报》上发表了一篇举世瞩目的文章，警告世人，如果德国人不能清算并抵偿思想中可怕的罪恶，重新尊崇一切人类崇高的价值，有可能出现整个世界的普鲁士化。[③]孰是孰非，历史公断。

韦伯所谓的信念伦理，其实是不同意见，所谓信念伦理家无非是意见与其相左者。名副其实的信念伦理政治家在政治活动中寸步难行，也成不了政治家。信念伦理家，不过是假想敌，把不同意自己意见的人说成信念伦理家，意在炫示自己是负责的老道政治家。今天德国政界仍喜欢把反对派称为信念伦理家，前总理施密特2007年在世界伦理基金会的演讲又说："所以我一直认为马克斯·韦伯反对信念伦理、认为责任伦理必要的话至今有效。我们知道，许多人出自信念投身政治，而不是出自理性原因。我们还必须

---

① 参见维基百科：http://de.wikipedia.org/wiki/Adolf_Hitler.

② 弗里德里希·威廉·弗尔斯特（1869—1966），德国哲学家，慕尼黑大学哲学和教育学教授，主要著作有《我反对军国主义和民族主义的德国的斗争》等。弗尔斯特因批评德国在"一战"中的战争政策并要求追究战争责任，受到大学里民族主义圈子的强烈攻击，不得不于1920年辞去教职。

③ 君特·威尔特：《弗里德里希·威廉·弗尔斯特》，载《创意乌托邦》（*UTOPIE kreativ*）1999年4月号，总第102期，第5—18页。

承认，某些内政和外交决策出自信念，而没经过理性的权衡"①。我以为，除了塔利班，不会有哪国政府如此决策，如果德国政府真如施密特说的那样，选民也不会答应。可是施密特说："大部分选民都是首先从信念动机出发，从他们眼下的心理情绪出发决定投谁的票"②。好像大部分德国选民不计四年利害，仅凭崇高理想投票。果真如此，就不会出现目前的局面，近三年来各州和联邦选举，没有一个政党获得过半数的选票可以独立执政，联合组阁又困难重重，皆因利害权衡，无法统一思想。只要涉及政治利益，人人都是责任伦理家。

黑色预言

韦伯在演讲结束时邀请他的听众，10 年之后再一次来讨论以政治为业。他说了这样一段话："遗憾的是，我不得不担心，如果那时，由于一系列的原因，反动时期早已降临，诸位中许多人，坦率地说，包括我自己，所祈望、憧憬的东西只有很少一点能得以实现，大概不至于一点都没有，但起码从外表上看是太少了，这是非常可能的，我倒不至于万念俱灰，可是，知道这种可能性，的确也是一种精神负担。"

韦伯不幸言中，反动时期的降临仅比他预言的晚了几年。只是他没有想到，反动势力正是他千呼万唤的卡里斯马统治，德国人投票选出来的元首；而抵抗这种反人类反动统治的恰恰是他抨击挖苦的弗尔斯特那样的所谓信念伦理者。汉娜·阿伦特的《极权主义的

---

① 赫尔穆特·施密特：《政治家的伦理》（*Das Ethos des Politikers*），2007 年 5 月 8 日在世界伦理基金会的演讲，见 http://www.weltethos.org/00--home/helmut-schmidt-rede.htm.

② 同上。

要素与起源》^①从世界观和意识形态角度分析了法西斯主义和斯大林主义极权统治下人们生活的各个领域，中心是作为暴民的群众运动，不受法律制约的大规模恐怖行动。阿伦特的暴民分析同弗尔斯特的对德国人的伦理批判都是对韦伯卡里斯马理论和责任伦理的中肯批评。更加残酷的是，韦伯和许多德国人憧憬的强大德国成了又一次世界大战的祸首。90 年后韦伯如果再讲"以政治为业"，会怎样反思呢？

2008 年 8 月于联邦德国

---

① 1951 年英文本原名 *The Origins of Totalitarianism*，阿伦特本人修订的 1955 年德文本部分重新写过，定名 *Elemente und Ursprünge totaler Herrschaft*（《极权主义的要素与起源》）。

1988 年首版译序

　　本书收录了韦伯去世前不久为慕尼黑大学的同学们做的两篇重要演讲："以学术为业"和"以政治为业"。韦伯以一位严肃的学者和政治家的身份，科学地、入微入细地讲述了一个正直的学者必须具备的道德和一个诚实、热忱的政治家必须具备的职业伦理。演讲充满理性主义的教诲，启迪过本世纪三代伟大的学者和政治家，例如联邦德国第一任总统豪斯、美国社会学领袖帕森斯、法兰克福学派的创始人霍克海默、荣获多项学术奖的当代西方新马克思主义的领袖哈贝马斯等人。韦伯两篇演讲的理性主义的魅力经久不衰、历久而弥珍，今天被列为西方大学生的必读物。书前所附作者小传，描述了韦伯本人的学术生涯和政治生涯以及他的学生时代、婚姻、爱情、疾病、奋争，可使读者对这位被封禁了 40 年之久的外国学者的境界略知一二。书后附有当代韦学权威对两篇演讲的评价，[①] 还有本书译者的一篇考察报告——《联邦德国的韦伯复兴运动》以及一位德国韦学家对中国韦伯热的评述。[②] 你想献身于学术或政治吗？你想了解一代大师马克斯·韦伯吗？你想知道西方的韦伯热和中国的韦伯研究吗？这本小册子会成为你的益友。

---

① 本版未收录。

② 本版未收录该评述。

以学术为业 [1]

应诸位的要求，我来谈谈"以学术为业"。我打算沿用我们国民经济学家总是从外部关系入手的迂腐作法，先从这样一个问题谈起：物质意义上的职业学术是如何发生、发展和变化的？这在今天来说，实际上主要指：一个决心职业性地献身于学院生活中的学术研究的大学毕业生的前途如何？为了了解我们德国情况的特殊性，用比较方法来了解并设身处地地设想一下外国的情况，是合宜的。从这个角度来看，我们最尖锐的对立面在美国。

众所周知，在我们这里，一位有志献身于学术的年轻人，往往从当"编外讲师" [2] 开始他的学术生涯。这之前他要和有关的学科代表人物磋商并取得人家的同意，然后写出一本书 [3] 来，通常还要通过系里的正式考试，在这个基础上才能取得授课资格，然后按照自己的专长开一门课，但是不领薪水，报酬来自学生的听课费。在美国，学术生涯通常以完全不同的方式开始，即先受聘当"助教"。类似我们的自然科学与医学系的大型研究所的做法，助教中只有一

---

① 下述思想源于一次旨在解答志业问题的学生集会上的演讲。——玛利亚娜·韦伯注

本文根据联邦德国莫尔出版社 1985 年重新审阅第 6 版 Max Weber: *Gesammelte Aufsätze zur Wissenschaftslehre*, 第 582—613 页译出。——译者（本书中没有特殊标明的注释均为译注）

② 德国高校的一种教职，指做完"教授论文"，取得授课资格，尚未取得教授职务的大学教师。

③ 即教授论文，或"取得在大学授课资格的论文"，类似博士后出站报告。

部分可以争取到编外讲师的正式授课资格，而且这种机会常常来得很迟。这种区别实际上说明，在我们这里，一个从事学术研究的人的生涯基本上以财富为前提。一个一贫如洗的年轻学者，要完全正视学术生涯的条件，需要超乎寻常的胆量。他至少要苦熬几年，还不知道以后是否有机会接替一个职位，使日子过得下去。与此相反，美国有科层体制①，那里的年轻人一开始就有薪金。虽说工资往往比不上一个半熟练工人的收入，可是他毕竟一开始就有了一个似乎可靠的职位，能领到固定的薪金。不过，他也和我们的助教一样可以被解聘，这也是个通例。他必须对自己可能不符合人家的期望这一点有足够的思想准备。期望无非是：他能使课堂上"座无虚席"。一个德国编外讲师不会碰上这种事，人家一旦请了他，就不会赶他走。他虽然没有任何"要求"，但是有一种可以理解的念头：在他工作几年之后有一种道德权利，要求人家考虑他。并且——这往往很重要——在讨论其他编外讲师的授课资格问题时，也考虑到他。究竟是原则上让每一位能干的、受到承认的学者都取得授课资格，还是考虑到"教学需要"，让在职的编外讲师垄断教学，这是一件让人左右为难的事，它与学院职业的双重性有关，不久我们就要涉及这个问题。人们往往采取第二种选择。但是，这也增加了某种危险：当事的学科终身教授尽管主观上坦荡之极，仍难免偏袒自己的学生。我本人奉行的准则是：在我这里获得博士学位的学生必须在另一所大学的**另一位**教授那里，而不是在我这里，得到承认并取得授课资格。结果却是：我最优秀的一位学生竟没有被别人接受；因为谁也不相信，他是由于上面的理由才去投考的。

　　与美国的另一个区别是：在我们这里，编外讲师所开的课通常

---

　　① Das bürokratische Systhem，这里指的是西方近代的一种干部管理制度，这种制度用人以专业考核为标准，职员有严格的权限和责任，报酬是薪金。

比他希望的少。虽然他有权选择本学科范围内的任何一门课，但这样做不合适，因为没有考虑年长的在职编外讲师。通常"大"课都由学科代表人物来讲，讲师要是能开次要课程，就很知足了。好处是：他年轻时有充分的时间进行研究工作，虽然有些不自愿。

美国的制度有原则性差异。只因为讲师**挣薪水**，所以在他年轻时代工作绝对超负荷。例如在德国语言文学系里，正教授只要讲一次三小时的歌德课就够了，而一个年轻助教一周要讲 12 课时，除去德语听读练习，如果他能讲到乌兰德①一级的诗人，就很知足了。业务主管部门制订教学计划，助教也像我们这里的研究所助教一样受制于主管部门。

现在，我们可以清楚地看到，在广大的科研领域中，我们的大学也朝着美国的方向发展。医学与自然科学的大型研究所都是"国家资本主义"的企业。没有庞大的经费，它们就不能维持下去。这里也和所有进行资本主义经营的地方一样，出现了"工人与生产资料分离"的状况。工人，也就是助教，完全依赖国家交给他使用的工作手段；因此，他也像工厂里的职员一样依附所长——因为所长满心以为，这个所是"他的"所，并且自己去管理——他的境况十分艰难，很像"无产阶级"的一员，酷似美国大学里的助教。

我们德国的大学生活在很重要的方面完全美国化了。我确信，这种发展将波及那些"手工业者"占有工作手段本身（例如图书馆）的学科。在这些学科中，人们酷似过去行会内部的手工业者那样工作，我这一行今天在很大程度上也是这样，其发展正在全速进行。

像在一切资本主义的科层化企业中一样，这种发展的技术优点是不容置疑的。但是科层化企业中笼罩的精神却不同于德国大学的

---

① 路德维希·乌兰德（1787—1862），德国浪漫主义诗人、文学评论家。

传统气氛。在这样一种大型的资本主义大学企业的领导者与平常的旧式教授之间，无论在外表上还是内心里，都存在着一条不可逾越的鸿沟。这也表现在心态方面，不过，我不想过多地解释。旧的大学**宪章**，无论从实质上看还是从外表上看，都已成为泡影。然而，大学生涯的一种特点保存下来了，并且有重要的发展：一个这样的编外讲师，尤其是一个助教，有朝一日是否能当上终身教授，甚至当上所长，纯粹是撞大运。当然，偶然事件不是唯一的决定因素，但是它一般在很大程度上起着决定作用。我几乎不知道世上还有哪一种生涯，能让偶然事件扮演这样的角色。我能够说这种话，何况我本人的升迁也仰仗几个绝对的偶然事件，我很年轻时就当上了一门学科的正教授，而当时一些同龄人对这一行的贡献无疑比我要大得多。我自然以为，由于这种经验，我能敏锐地看到许多人的不公平命运。在这些人身上，偶然性起了相反的作用，并且现在还在起作用。他们尽管才华横溢，但是在这种筛选机构内却不能取得应有的地位。

撞大运，而非真才实学，之所以能起如此重要的作用，并不完全在于人性，也不主要在于人性。当然，在这种筛选过程中，也同在其他筛选过程中一样，有人性这个因素。如果将这么多平庸之辈在大学里扮演重要的角色这样一个事实归咎于系各部①的个人水平低，那是不公正的。原因在于人事协调制度，尤其是几个单位之间的调配制度，在这里则指负责推荐人才的各系与主管部门之间的协商原则。这里有一种相似的情形，所幸我们可以追溯一下几个世纪以来的教皇选举史：这是同类人事选拔中最重要的可以监督的例子。呼声最高的红衣主教最后能当选的十分罕见。通常倒是排在第

---

① 直到现在，德国的教授任命仍要报大学所在州主管部，例如教育部、文化部批准，部长签字。

二位或第三位的候选人被推举上来。美国总统的选举也是这样：只有破例，最佳人选，也就是最坚定的人，才能获得党代会提名，多数情况下都是排在第二位，往往第三位的进入候选人提名，然后参加竞选。美国人早就为这个范畴发明了一套社会学的术语，以这些为例来考察通过形成集体意志来进行选拔的法则，将会妙趣横生。不过我们今天不在这里进行这种考察。这些法则也被视为德国大学的章程。人们吃惊的倒不是常常挑错人，而是尽管如此，正确的人选仍然占有相当的比重，一般来说是这样。只有当议会（如在某些国家）或君主（如我们这里迄今为止）——两者的作用完全相同——或目前的革命掌权者，出于政治原因插手时，得过且过的平庸之辈和野心勃勃的人才有上去的机会。

没有哪一位大学教师喜欢回味任命讨论，因为这种事很少让人感到好受。不过，我要说：在我所知道的大量事例中，无一例外都有让纯客观的理由来作决定这种良好的用心。

还必须进一步弄明白，学术命运的决定如此广泛地靠"撞大运"，还并不仅仅由于靠形成集体意志来选拔人才之不足，每一位有志于成为学者的年轻人都必须明白：等待他的任务具有双重性。他不仅要当个够格的学者，同时也要具备做老师的资格。这两者并不完全吻合。一个人可能是一位杰出的学者，同时却是一个蹩脚的老师。我想起了赫尔姆霍茨①和兰克②这些人上课时的情形，这绝非罕见的例外。现在的情况却是，我们的大学，尤其是那些规模很小的大学，处于一种十分可笑的招生竞争中。大学城的房东们，在学生人数突破 1000 大关时，要像过节一样庆祝一番，超过

---

① 赫尔曼·封·赫尔姆霍茨（1821—1894），德国哲学家与物理学家，能量守恒定律的发现者之一。

② 弗兰茨·利奥波德·封·兰克（1795—1886），德国历史学家，公认的第一位近代史学家。

2000 时，还要办一次火炬游行。学费收入——应该坦率地承认这一点——受到邻近学科"吸引"学生的影响。除此之外，听课的人数成了一项可以用数字表示的鉴定标志，而学者素质却是无法称量的，碰到勇敢的创新者，更是大有争议（这也是很自然的）。因此，听课人数多，成了一种无法估量的幸事与价值，往往一切都处于这种巨大的诱惑之下。说一个编外讲师是个糟糕的老师，这对于他来说往往是学术上的死刑判决，尽管他可能是世界上的一流学者。他是好老师还是坏老师，这个问题要由学生先生们用来向他表示敬意的听讲人次来回答。但事实上，学生们之所以涌向某位老师，这种状况在很大程度上是由外部因素决定的，例如秉性，甚至声音的抑扬顿挫，这些因素的影响程度，常人难以想象。根据我个人算得上相当丰富的经验，加上冷静的思考，我对那些大众教师深表怀疑，不管他们如何必不可少。民主，存在于适合它的地方。科学训练，例如我们按照德国大学的传统推行的科学训练，是**精神贵族**的事，这一点，我们无需掩饰。但是，另一方面，对科学问题进行阐释，使没有受过训练、但是有接受能力的头脑理解它，并使他——这对我们恰恰是至关重要的——能够独立思考，大概是教育学里最艰巨的任务，这也是事实。毫无疑问，这项任务是否完成了，并不能由听课人数来决定。再回来谈本题，这种艺术是一种个人天赋，与一个学者的科学素质完全是两码事。与法国相反，我们没有一批科学上的"不朽者"①，按照德国的传统，我们的大学应当兼顾科研与教学两种要求。一个人是否兼有这两种本事，纯粹靠机遇。

学术生涯是一场疯狂的赌博。要是年轻学者为了取得进大学授课的资格来取经，我几乎负不起劝进之责。如果他是犹太人，人家

---

① 指法国科学院的 40 名院士。

当然可以告诉他："Lasciate ogni speranza"①。但是，对别的任何人，也都必须问一问他的良心：您当真相信，您能忍受年复一年地让一批又一批的平庸之辈迈过您去，而既不抑郁，也不沉沦吗？答案自然每次都是：当然没问题！我只为我的"天职"而活——不过，我只看到极少数人能够忍受这些，而不受精神上的损失。

看来，关于学者职业的外部条件，说这些就够了。

不过，我想，诸位实际上希望我谈一些别的东西，希望听一听**内在的**学术使命是什么。今天，决定作为使命的学术内在状态是：科学已经进入了一个前所未闻的专业化阶段，并且未来也将是这样。事情不仅在外表上，而且恰恰实际上是：只有在严格的专业化条件下，一个人才能有可靠的意识，在科学领域中作出某种真正完美的贡献。一切与邻近学科交叉的研究工作，例如我们偶尔要做的工作，又如社会学家们必须经常进行的工作，都有一种听天由命的压力：充其量只能给专家提供他从本学科的角度不容易发现的有用的**问题**，本职工作却难免极不完美。只有通过严格的专业化，科学工作者有朝一日才能满怀自信地说："在这里，我作出了**传世的**贡献。"这种清醒的意识，人一生或许只有一次。在今天，一项真正已成定局的优异成就只能是专门的成就。谁要是没有本事，打个比方，戴上眼罩，死心塌地认定他的灵魂的命运就系于，他是否能把这篇手稿的这个地方揣摩透，那他还是离科学远点好。他永远也不会体验到常说的科学"经历"。不用这种被局外人嘲笑的奇特的如醉如痴，这种热情，这种"你来之前悠悠千载已逝，在你身后千载悠悠默待"的气魄——去揣摩，就**受不到**科学召唤，那就去干别的事吧！因为，如果一个人**不能用热情**去做一件事，这件事对于他这样一个人来说就毫无价值。

---

① 意为"放弃一切希望"，这是在地狱入口处的话。引自但丁的《神曲·地狱篇》。

然而，纵有如此之多的热情，不管它是多么真挚，多么深切，还是远远不能保证一定会取得成果。这也是事实。当然，热情是决心，亦即"灵感"的前提。今天，年轻人中间有一种很流行的说法：科学已经变成了计算检验，可以在实验室或者统计档案里制造出来，就像在工厂里一样，只需要冷静的理解力，用不着全部"心灵"。首先要指出，这种论调对于工厂里和实验室里的情况一无所知。不管在哪里，人都必须思考出什么，而且是正确的，才能创造出有价值的东西。这种"思考"，却是强迫不得的。它和任何冷冰冰的计算无关。当然，计算也是必不可少的前提。举例说，任何社会学家，即使年事已高，也不会不屑于在脑袋里成千上万次地做琐碎的计算检验，有时，也许要算上几个月呢！要想获得点什么，绝对不能放心大胆地全推给机械性辅助力量，否则要受惩罚——最后得到的，只能微乎其微。然而，如果对于计算的方向，对于计算过程中产生的单项结果的影响，没有一定的"想法"，那么，就连这"微乎其微"也不可得。在正常情况下，只有坚毅的劳动才能孕育出"想法"，或者叫"灵感"。当然，也并不总是这样。业余爱好者的想法有时也能产生与专家的想法一样的甚至更大的影响。我们有许多一流的假说和见解，它们恰恰应当归功于业余爱好者。正如赫尔姆霍茨在谈到罗伯特·迈尔[①]时所说的，业余爱好者与专家的区别仅仅在于，前者的研究方法缺乏可靠性，因而往往不能根据事后产生的影响来复查他的想法，作出评价，加以贯彻。灵感不能代替工作，工作本身也不能代替灵感，或者迫使灵感冒出来，热情也无济于事。两者都能激发灵感，可重要的是，必须结合起来。但是，灵感这东西，只有在它自己愿意来的时候才来，而不是我们想

---

① 尤里乌斯·罗伯特·封·迈尔（1814—1878），德国医生和物理学家，能量守恒定律的发现者之一，热力学和生物物理学的先驱。

叫它什么时候来它就来。最精彩的念头，用伊埃灵①的话说，是坐
在沙发上抽雪茄的时候迸发出来的，依照赫尔姆霍茨的自然科学的
精确勾画，是顺着街道的缓坡散步时，或在类似的情形中，突然想
出来的，反正总是在没有期待它的时候降临的，而不是在一个人坐
在书桌前苦思冥想、搜索枯肠的时候出现的。只是，如果没有书桌
前的苦思冥想和如醉如痴的寻根究底，灵感也不会从天而降。不管
怎么说吧，科学工作者脑子中必须有"机遇"这根弦，在任何一项
研究工作中都有这个问题：灵感会不会来？一个人可能兢兢业业地
工作，但却一辈子也没有独到的见解。如果认为，这只是学术界
的情形，商号账房里和工厂实验室里的情形跟这不一样，那就大
错特错了。一个商人或大实业家，要是没有"商业想象力"，就是
说，没有灵感，天才的灵感，那他一辈子只能是块当伙计或者办事
员的料，永远不会组织创新。灵感，绝不像那种以学者自居的人想
象的，在学术领域中所起的作用，比起在通过企业家来解决现实生
活中的问题的领域中所起的作用，重要得多。另一方面，它在艺术
领域中所起的作用也大不到哪里去，可这却常常被误解。认为一个
数学家坐在书桌前用尺子、计算机或别的机械性计算手段就能获得
有学术价值的成果，是幼稚的想法。维尔施特拉斯②的数学想象，
从立意和成果上看，都与艺术家的想象迥然不同，性质也各异。
但心理过程却是一样的。两者都是：沉醉（柏拉图所说的"迷
狂"③）与灵感。

　　所以，一个人是否有科学灵感，取决于我们难以捉摸的命运，
除此之外还取决于"天赋"。也正是根据这个不容置疑的真理，现

---

　　① 鲁道夫·封·伊埃灵（1818—1892），德国罗马法学家。

　　② 卡尔·维尔施特拉斯（1815—1897），德国数学家，现代函数论的创始人之一。

　　③ 见柏拉图《斐多篇》，"迷狂"是先知、诗人等受到神灵激发后出现的忘我、亢奋的
状态。

在，一种完全可以理解的，在青年人中尤为风行的观点正在为偶像效劳，偶像崇拜充斥着大街小巷和各种报刊。这些偶像就是个性与阅历。两者紧密地连在一起：一般认为，后者形成前者，是前者的一部分，人们绞尽脑汁去体验生活——因为阅历是个性生活方式的一部分。要是没体验成，起码也得装相，好像老天已经"降大任于斯人"了。从前，德文把"经历"称为"感触"。我以为，这是对"个性"含义做出的贴切解释。

尊敬的各位！在学术领域中，只有**纯粹献身于事业**的人，才有"人格"可言。不仅学术领域如此，我们尚不知，哪位伟大的艺术家没有献身于自己的事业，而是干别的名堂。说到艺术，纵然像歌德这样的大家，当他冒昧地想把自己的生活当成艺术作品时，在人格上也受到了报复。谁要是怀疑这点，那么，为了以身试法，他只好当一次歌德。至少，每个人都承认，即使歌德这样的几千年才出现一次的大才，也不能不为这种冒昧付出代价。在政治上，也是这样。不过，今天不谈这个。在学术界，有人以戏班班头自居，把自己应当献身的志业，拿到舞台上表演，想借助"阅历"证明自己了不起，并且问：我怎样才能证明自己不仅仅是个"专家"？我怎样做，才能从形式上和内容上说出还没有人说过的话来？这种人肯定没有"人格"。今天，这种现象大量上市，处处透着一股小家子气，也降低了当事人的人格。这种人问，如何才能出人头地，而不全神贯注于自己的任务——仅仅是任务。这种全神贯注，能把一个人提高到他准备献身的志业的高度，给他以志业的尊严。对于艺术家来说，也是这样。

我们的工作与艺术的这些共同的前提，现在面临把它们与艺术工作严格分开的命运。学术工作处于**进步**的过程中。艺术领域中则没有这种意义上的进步。不能说，某时代的一件采用了新技巧或运用了透视法的艺术品就因此比那种没有这种技巧和方法知识的艺术品的艺术性高——**只要**后者的实质与形式相称，就是说，即使不使用那些条件与手段，也能艺术地选择和处理自己的对象。一件真正"完美"的艺术品，永远不会被超越，永远不会过时；每个人对它的意义评价不一；但谁也不能说，一件艺术性真正完美的作品被另一件同样"完美"的作品超越了。相反，我们谁都知道，在学术领域中，自己所做的事在 10 年、20 年、50 年内就会过时。这是命运，是啊，这是学术**意识**。这种意识对于任何文化要素都适用，不过学术工作更是在某种完全特殊的意义上受着这种意识的支配：任何学术上的"完美"，都意味着新的课题，都**愿意**被"超越"，**愿意**过时。每一位愿意献身学术的人，都必须接受这个事实。重要的学术研究当然可以传世，由于本身的艺术质量而作为鉴赏手段流传下去，或者作为工作训练手段流传下去。重复的说，学术上被超越，不仅是我们大家的共同命运，也是我们大家的共同目标。我们不能不怀着让后来者居上的希望工作。原则上说，这种进步是无止境的。有了这样的认识，我们可以谈学术**意识**问题了。因为，服从这种法则的东西，本身有意识和思想，这并不是不言自明的。人们为什么要从事实际上永远没有止境，而且不会有止境的工作？那么，答案首先是：为了纯粹实际的目的，进一步说，就是技术目的：为了使我们的实际行动能够以科学经验向我们提出的期望为方向。好，可这一切似乎只对实际工作者有意义。那么，什么是一个做学问的人对自己的职业所抱的态度呢？如果他确实在探求这种态度的话。他会说：为了科学"本身"，而不是仅仅追求别人利用科学得到的好处：职务和技术上的成功、吃得好、穿得好、懂事理、能克已。他参加了这种分工精细的、永无止境的工作。他的创见注定要过时，那么，他认为自己靠这些能做出什么有意义的事情呢？这需要一些一般性的考虑。

科学的进步，是智化过程的一部分，而且是十分重要的一部

11

分。这个过程已经有数千年之久，可今天许多人对它却采取了极其否定的态度。

让我们先明确，这种通过科学和以科学为指南的技术进行的理智的理性化实际上究竟是怎么回事。是不是，比起一个印第安人或者霍屯督人^①来，我们今天，例如坐在这个大厅中的各位，对自己赖以生存的生活条件有更多的知识？很难说。一个坐电车的人，如果不是专业物理学家，就对车子为什么前进一无所知。他也无需知道。只要"依赖"电车行驶就行了，他以此来调整自己的行为。至于电车是怎么造出来的，怎么就开了，他一无所知。比起我们来，野人对自己工具的了解，不知要强多少。今天要是论花钱，我敢打赌，就连在座的学政治经济学的同事，对于为什么用钱能买东西——有时买得多，有时买得少——这个问题，也会仁者见仁，智者见智。可是野人知道，为了获得每天的食物，他应该干什么，哪些教导有助于他达到目的。日益智化与理性化并不表明，对赖以生存的生活条件有了更多的一般性知识。倒是意味着别的，就是说，知道或者相信：**只要想**知道什么，随时都**可以**知道，原则上没有从中作梗的神秘不可测的力量；原则上说，可以借助**计算把握**万物。这却意味着世界的脱魔——从魔幻中解脱出来。野人相信魔力，所以必须用魔法控制鬼怪或者向鬼怪祈求。我们大可不必学野人了，技术手段与计算使人脱魔。这是理智化本身的主要意义。

那么，这个在西方文化中持续上下几千年的脱魔过程以及那种包括作为环节与动力的科学在内的"进步"，除了纯粹的技术意义与实际意义之外，还有别的什么意义吗？诸位可以发现，这个问题在列夫·托尔斯泰的作品中以最原则的形式提了出来。他有一条独

---

① 霍屯督人是殖民地时代欧洲人对生活在南非和纳米比亚人的科伊科伊人（Khoi Khoi）的蔑称，源自荷兰移民模仿当地人喘气的声音。

特的思路。他探讨的整个课题，围绕着"死是否是一种有意义的现象"这样一个问题逐步展开。他的答案是：对于文化人——否。这是因为，被放在"进步"之中，放在永恒之中的文明的个人生命，从其固有的内在含义来看，是不会有尽头的。处于进步中的人，前面还有下一个进步。没有一个死去的人达到了处于无限之中的顶峰。亚伯拉罕^①或任何一个古代的农民，"寿终正寝"，因为他处于生命的有机循环中，因为即使按照他的想法，生命在他暮年也已给他带来了所能奉献的一切，因为对于他来说，再也没有想要解开的谜，所以，他已经活"够"了。但是，一个文化人，处在不断丰富的文明中，有他的思想、知识、课题，他可以"活累"了，但不是：活够了。因为他捕捉的不过是精神生命不断创造出来的新东西中微乎其微的一部分，而且总是一时的，而非终极的，所以死对于他是一件没有意义的事情。因为死没有意义，所以文化生命也就没意义了，这种生正是用它的没意义的"进步性"给死打上了没意义的烙印。在托尔斯泰晚期的小说中，这种思想到处可见，形成了他的艺术基调。

怎样看待这个问题？"技术"本身是否有一种超出技术之外的可见的意义，而使献身进步成了一种有意义的志业？这个问题必须提出来。这已经不只是**关于**学术之业的问题，就是说，不是"**以学术为业**对于献身于学术的人意味着什么"这样一个问题，而是另一个问题：人类全部生命之内的**科学天职**是什么？科学的价值是什么？

对这个问题的看法，过去和现在有天壤之别。诸位大概能想起柏拉图的《理想国》第7卷一开头的精彩画面：那些被锁着手脚的

---

① 亚伯拉罕，希伯来人的祖先，犹太教、基督教、伊斯兰教推崇的古代圣人，据说活了175岁。

洞穴人，脸朝着他们前面的石壁，他们身后就是光源，可他们看不见。他们只关心光源投在壁上的人影，琢磨它们之间的关系。终于有一个人挣开了锁链，他转过身去，看见了太阳。他眼花缭乱四处摸索，结结巴巴讲出看到的东西。其他人说他疯了。他渐渐学会了看光明，以后他的任务是：下来，回到洞穴人身边，把他们带上来，引导他们走向光明。他就是哲学家，太阳就是科学真理。唯有真理不捕风捉影，而是追求真实的存在。

是啊，今天谁还这样对待科学？今天年轻人的感受似乎恰恰相反：科学思想的形成是一个人为抽象的冥冥世界，这种抽象伸出瘦骨嶙峋的双手，试图抓住真正生活的元气，可总是落空。其实在生活里面，在柏拉图眼里穴壁上的摇影中，搏动着真正的现实：除此之外的一切都是由此派生出来的无生命的幽灵，没有别的。这种转变是怎样进行的呢？柏拉图在理想国中欣喜若狂，极而言之，是因为第一次自觉地发现了一切科学认识最伟大的工具之一：**概念**。苏格拉底发现了概念的意义，不过世界上并非只有他有这个发现。诸位可以在印度找到与亚里士多德的逻辑十分相近的逻辑萌芽。但是，没有人像苏格拉底那样自觉地认识到概念的意义。在他手里，一种可以把人置于逻辑的老虎钳上的方法第一次大放异彩：要么承认自己一无所知，要么承认这便是唯一的真理，永恒的真理，永远不会像盲人的动作那样消逝，否则不能从老虎钳下爬出来。这就是使苏格拉底的学生们大彻大悟的伟大阅历。似乎由此可以得出这样的结论：只要找到了诸如美好、善良或者勇敢、灵魂等等随便什么概念，就能够把握了它们的真实存在。这似乎又指出了一条道路：知道如何做人，特别是做一个国家公民，并教导别人也这样做。对于彻头彻尾地进行政治思维的希腊人来说，这个问题就是一切。**这就是为什么要从事科学研究的道理**。

除了希腊精神的这项发现，科学工作的第二个伟大的工具以文艺复兴之子的身份出现了，这就是理性实验，它是可靠地检验经验的手段，舍此便没有今天的经验科学。在此之前，人们也做过实验，例如：在印度有为改良瑜伽禁欲技巧进行的生理学的实验；在古希腊，有为了战争的技术目的进行的数学实验；在中世纪，有为矿业目的进行的实验。但是，把实验提高为研究自身的原则，却是文艺复兴的成就。开拓者当属艺术领域中的创新者：达·芬奇等人，尤其有代表性的是 16 世纪用试验钢琴在音乐中创新的实验家。首先把实验从艺术领域移植进科学领域的，是伽利略，移植到理论领域的则是培根；以后，大陆大学里的精确学科也采用了实验方法，最早在意大利和荷兰。

科学，对于这些站在近代门槛前的人来说意味着什么呢？对于像达·芬奇和音乐创新者们那样的实验家来说，它是通向**真实的**艺术之路，同时也是通往真实的**自然**之路。艺术应当被提到科学的高度，这主要是说，无论从社会的角度还是从个人生活的角度看，都应当把艺术家提高到博士的地位上。达·芬奇论绘画的书，就是怀着这样的抱负写成的。那么，今天呢？"科学是通往自然之路"——这句话在年轻人听来如同亵渎神明。不，恰恰相反：为了回到个人的本性，进而回到大自然去，必须从科学的理智主义中摆脱出来！那么，作为通往艺术之路呢？这更不值一批。但是，在精确的自然科学产生的时期，人们对科学的期望更高了。诸位回忆一下斯瓦姆默丹 ① 的话："我借解剖虱子，给您带来神的旨意"，就会看到，在新教与清教间接影响下的科学工作视为己任的是：指出通往神之路。那时已经不能再从哲学家以及他们的概念和演绎里找到神了：

---

① 亚安·斯瓦姆默丹（1637—1680），荷兰博物学家，红细胞的发现者。

那时的整个虔敬神学①，特别是斯彭内尔②都认为，不能循中世纪的道路去找神。上帝藏起来了，他的路不是我们的路，他的思想不是我们的思想。不过，在精确的自然科学中，人们能够有形地把握他的作品，于是人们希望，通过蛛丝马迹找到神的意旨。那么今天的情形又如何呢？除了在自然科学界还能找出来的几个天真的大娃娃，谁今天还相信，天文学、生物学、物理学或者化学的知识能够教给我们，世界的**意义**是什么，哪怕只告诉我们，通过什么途径能够找到这种**意义**——如果真有的话——的踪迹？如果真要自然科学这样做，那么，按照它们的本性，它们会把诸如世界的"意义"一类的信念连根拔掉。那么，科学是"通往神"之路吗？科学是一种特殊的非神力吗？科学是一种非神力，这一点，不管承认不承认，已经没有人打心眼里怀疑了。从科学的理性主义与理智主义中解放出来，是与福音一起生活的基本前提，诸如此类的东西，已经成为由于种种际遇而赞同宗教或者追求宗教阅历的青年人经常挂在嘴边的基本口号之一。他们追求的不仅仅是宗教阅历，而且是各种阅历。令人奇怪的只是现在走的道路：迄今唯一尚未被理智主义触及的领域现在被提高到意识中，置于意识的放大镜下。事实上，非理性的近代理智主义的浪漫色彩就是这样产生的。想通过这条道路从理智主义中解放出来，结果可能适得其反。最后，人们又怀着天真的乐观，把科学，也就是建立在科学基础上的把握生活的技术，作为通往**幸福**之路庆祝了一番——对此，我大概不必费口舌了，因为尼采早已对那些"发现了**幸福**"的"终极之人"③进行了致命的批判。除了讲台上和编辑室里的几个大娃娃，谁还信这一套呢？

---

① 路德宗的一个重要支派，因自称"虔敬团契"而得名，反对拘泥教条，主张内心虔诚。

② 菲利普·亚科布·斯彭内尔（1635—1705），德意志基督教神学家，虔敬派领袖。

③ 见《查拉图斯特拉如是说》第一部分《查拉图斯特拉的序》第5节："'我们发现了幸福'——终极之人边说边眨眼睛。"

让我们回到本题。当"通往真实的存在之路"、"通往真实的艺术之路"、"通往真实的自然之路"、"通往真实的上帝之路"、"通往真实的幸福之路",所有这些昔日的梦幻全都破灭以后,在这些精神前提下,以学术为业的意义何在呢?托尔斯泰作了最简单的回答:"它毫无意义,因为它没有回答我们唯一的重要的问题:我们应当怎样做?我们应当怎样活?"它没有回答这个问题,这是不容置疑的事实。问题在于,从什么意义上说,它没有回答,能不能换一种做法,对正确提出问题的人有所帮助。如今,人们老是把"没有前提的"学术挂在嘴边。真有这么回事吗?这得看如何理解。前提,对于任何学术工作,都是适应逻辑与方法论的规则,这些是我们在世界上定位的一般基础。至少对于我们的特殊问题来说,这些前提是最不成问题的。进一步的前提则是:从学术工作中得出的结论,**有重要的**"知识价值"。显然,我们的一切问题都在这里,因为这个前提是无法再用学术方法证明的。只能按照它的最终意义来**解释**它,每个人可以按照自己对生活的最终态度决定拒绝或接受这种最终意义。

此外,学术工作与其前提之间的关系,根据学科的结构有极其不同的形式。自然科学,例如物理学、化学和天文学的不言而喻的前提是:只要科学能够做到,就应该去认识宇宙现象的可以设想的最高法则。这不仅由于用这些知识可以取得技术成果,而且也是为了这些学科自身,如果它们能够成为"职业"的话。这个前提本身却是无法证明的。至于这个自然科学描写的世界是否值得存在,也就是说,它是否有意义,或者说,生活在这样一个世界中是否有意义,就更不能证明了。自然科学不管这些。或者诸位来看一门科学上高度发达的实用的艺术学说,比方说,现代医学。医务工作的一般前提,俗话说就是:同意维系生命的任务是纯粹的医务工作。同意将可能减少痛苦的任务是纯粹的医务工作,这句话却大有问题。

医务人员用药物维系患了不治之症的病人的生命，即使病人恳求让他离开人世，即使家属——不管承认与否——也都希望，而且不能不希望他早点死掉——也许这是一个可怜的疯子——他的生命已经对家人失去了价值，他们无力负担维系这条没有价值的生命的费用，因而同意让他解脱痛苦。可是医学的前提和刑法法典阻止医生放弃治疗。生命是否有活下去的价值，什么时候值得活下去？医学不管这个。所有自然科学回答我们的都是这个问题：**如果**我们要用**技术**支配生命，我们应当怎样做？至于我们**是否**应该并且愿意用技术支配生命，这样做到头来是否有意义，自然科学则置之不理，或者把生命作为科学目的的前提。或者诸位再看一门学科，例如艺术科学。美学认定，存在着艺术作品，这是事实。美学要探究，在什么条件下有艺术作品。但是，它不管艺术会不会是一个魔性美的王国，一个非此世的王国，因而灵魂深处是反上帝的，且其最基本的贵族精神是反博爱的。它不管是否**应当**有艺术作品——或者再来看看法学：它提出适合法律思维规律的东西，这种法律思维一部分与逻辑必然有关，一部分与约定俗成的模式有关——**如果**它所阐释的一定的法规和一定的方法被承认为有约束力的话，它就能提出这些东西。至于**是否**应当有法律，**是否**应当恰恰提出这些规则，它不管；它只能指出：如果想取得成就，那么按照我们的法律思维的标准，这条法规是达到目的的最佳方法。或者，诸位再来看一看历史文化科学。这些学科教人认识政治、艺术、文学以及社会的文化现象产生的条件。但是它们本身既不回答这些文化现象过去和现在是否值得存在这个问题，也不回答是否值得费劲去认识它们这个问题。这些学科的前提是：人们愿意通过这种方法参与"文化人"共同体。可是，它们不能对任何一个人证明，确实是这样，它们以此为前提，也根本不能证明，这就是不言而喻的。事实上，这全都不对。

　　现在，让我们来看一看我最熟悉的几个学科，也就是看看社会学、史学、国民经济学、政治学以及以诠释这些学科为己任的各种文化哲学。有人说，不应当把政治放到大学课堂里。我赞成！政治不该被学生一方引进课堂。比方说，如果在我从前的同事，柏林的迪特里希·舍弗尔①的课堂上，和平主义的学生也像主战的学生对待弗尔斯特②教授做过的那样，包围讲台，大声喧哗，我都会感到同样痛惜，虽然我的观点与弗尔斯特教授有莫大的距离。但是，教师一方也不应把政治引入课堂，如果他是从科学上研究政治的，就更不应在课堂上谈政治了。因为实际政治立场与对政治组织和政党立场进行的科学分析是两回事。在群众集会上谈民主时，用不着隐瞒自己的立场而亮相，才是责无旁贷的。在这种场合使用的语言并非科学分析的手段，而是争取别人支持的政治宣传手段。它们不是松动静观思想的土壤的犁铧，而是劈向敌人的利剑，是战斗手段。但是，在讲课时或者听课时用这种方式使用语言，则是犯罪。如果讨论民主，就应当举出民主的各种形式，分析它们如何发挥作用，指出这种形式或那种形式给生活条件带来的后果，然后再对政治制度的其他不民主的形式进行比较，然后努力做到使听讲人能够找到根据他的最高理想确定自己立场的出发点。正派的教师十分注意，不在讲台上灌输任何立场，不明讲，也不暗示，因为所谓"让事实讲话"其实是最富有欺骗性的。

为什么我们真的不应该这样做？我先说说，许多深受敬重的同人认为，这种自我要求根本做不到，要说做得到，不过是幻想回避表态。现在不能向任何一个人示范，他作为大学教师的职责是什么。只能要求他有理智、守本分，认清、确定事实，确定数学或逻辑关系以及确定文化财富的内在结构是一码事；回答文化及其具体

---

① 迪德里希·舍弗尔（1845—1929），德国历史学家和宣传鼓动家。

② 参见本书"2008 年再版译序"第 18 页注释 ②。

内容的**价值**这个问题，回答在文化共同体和政治团体中应当如何**行动**，又是一码事，这是两个性质完全**不同**的问题。他又要问：为什么他不该在课堂上同时讨论这两个问题？回答是：因为先知与民众领袖不该登教室的讲台。对先知和民众领袖要说的话是："出去，上胡同里去，公开去说！"就是说，上能公开批评的地方去。在面对**听众**的讲堂上，学生只有沉默，而教师只顾讲。利用学生们为了前程只得去听课，没有批判反对自己的人在场的局面，不是恪尽职守，让听课的人从自己的知识和学术经验中受益，而是用个人的政治观点来塑造学生，我以为是不负责任的。一个人当然有可能没能完全去掉自己的主观倾向，他事后会将自己置于良心法庭上，受到最严厉的谴责。他也可能犯纯粹技术性的错误，但是，这些并不能说明，他背弃了追求真理的职责。我之所以对此提出批评，也正是为了纯粹学术的利益。我愿意引我们历史学家的著作来证明，一旦做学问的人超脱不了个人的价值判断，就**没有**对事实的全面了解了。但这超出了今晚的题目的范围，需要长期讨论。

我只问：在一门关于教会与国家形式的课里，或者在一门宗教史课里，怎么能使一个虔诚的天主教徒和一个共济会①会员对这些事情有共同的价值观呢？绝对不可能。但是，大学教师必须给自己提出希望和要求，让两者都能从自己的知识和方法中受益。诸位完全有理由说：那位虔诚的天主教徒永远不会接受一位不信天主教教义前提的教师向他讲的关于基督教产生过程的事实。不错！但是，区别在于：那种拒绝宗教约束性的没有前提的科学，事实上不承认"奇迹"和"启示"，否则便不能忠于科学本身的"前提"。教徒却

---

① 国际性秘密社团，会员近 6 万人，其纲领强调道德、慈善、互助、遵纪守法，会员必须是相信上帝和灵魂不死的男子。共济会起源于中世纪的石匠和教堂建筑工匠行会。18 世纪随着英国的对外扩张传播开来。天主教会和多数保守国家宣布共济会为非法组织。

相信有"奇迹"和"启示"。没有前提的科学则期望他，至少赞成：如果这个过程没有那些超自然的干涉，没有那些经验的说明认为作为因果因素必须排除的干涉，也能得到解释的话，那就按照科学的要求去解释。他可以这样做，而又没有背叛他的信仰。

那么，科学的成就对于那些对事实本身漠不关心，只认为实际立场重要的人来说，难道就毫无意义了吗？不见得。现在就可以举一个例子：如果某人是个中用的教师，那他的首要任务就是，教他的学生承认不愉快的事实。我所说的不愉快，指不符合自己的立场观点。对于任何立场观点来说，也包括对我个人的，都有这种不愉快的事实。我相信，如果一位大学老师能够迫使他的听众习惯于这类不愉快的事实，那他所取得的，就不仅仅是知识成就了，我会不客气地使用"道德成就"这个说法，虽然这几个字，对于这样一件理所当然的事来说，听起来有些过于严肃。

到此为止，我只谈了避免灌输个人立场的**实际**理由。然而并非只有这些理由。学术之所以绝对不能代表实际立场——为达到某种**既定的**目的而进行的方法探讨不在内——还有更深一层的理由。因为世界上形形色色的价值制度处于无法调和的斗争中，所以学术代表实际立场一说，原则上毫无意义。虽然我对老穆勒的哲学不敢恭维，可是有一点他说对了：如果从纯粹的经验出发，就会变成多神论。这话浅显，听起来矛盾，却有真理。今天，我们不过是重新认识到下面这些道理：一事物虽然不美，但却可以是神圣的，还不仅如此，而且神圣**就神圣在**不美上——在《以赛亚书》第 53 章和《诗篇》第 22 篇中，诸位可以找到出典——一事物虽然不善，但可以是美的，还不仅如此，而且美就美在不善上，尼采使我们再度知道了这个道理，尼采之前，诸位还可以从《恶之花》——这是波德莱尔为他的诗集取的名——中找到这个道理的铺陈——一事物虽然不美、不神圣、不善，却可以是真的，还不仅仅如此，真就真在不美、不神圣、不善上，这是一个日常真理。不过，这仅仅是各种制度与价值的主宰神之间斗争的最基本的形式。如何科学地在法国文化与德国文化的价值之间做出选择，我不知道。在这里，诸神又打架了，而且将永无休止地闹下去。这也和古代尚未从神鬼中脱魔的世界中的情形一样，不过意义不同罢了：希腊人一会儿祭阿芙洛狄忒，一会儿祭阿波罗，特别是各城祭各城的神，今天的情形也一样，不过已经脱了魔，脱掉了那层神秘的但有真正精神的行为的外壳，在斗争中支配诸神的是命运，而绝不是"科学"，人们能知道的，不过是这儿有什么神，那儿有什么神，或者这种制度中什么是神圣的，那种制度中什么是神圣的。到此，教授在课堂上讨论的问题，绝对结束了。不过，其中包括的重大的生活问题，当然没有结束，这就轮到大学讲台以外的力量发言了。哪个人敢站出来，"科学地"驳斥"勿用暴力抵抗恶行"或者打你这半边脸，就把那半边也转过去的登山宝训①的伦理？从精神角度看，这套说教显然是一种丧失尊严的伦理，你必须在这种伦理造成的宗教尊严和另一种"抵抗恶行，不然你要代它受过"的伦理造成的男子汉尊严之间做出选择。从最高原则上看，这两种尊严对于一个具体的人来说，一个是上帝，另一个是魔鬼，他要确定，**对于他来说，哪个是上帝，哪个是魔鬼**。这种选择贯穿在一切生活秩序中。从各种宗教预言中脱颖而出的有条不紊的伦理生活方式的伟大理性主义，为了给"唯一的必然之神"开路，废黜了上面谈到的多神论，然后鉴于物质生活与精神生活的理性，作出了某些必要的让步，变得不那么绝对化了，我们可以清楚地从基督教史中看到这些。今天，这已是宗教界司空见惯的事了。今天，已被脱了魔，因而失去了超人形象的诸神

---

① 《新约全书·马太福音》第5章："只是我要告诉你们：勿用暴力抵抗恶行。有人打你的右脸，连左脸也转过来由他打。"

又从坟墓中站了出来，试图主宰我们的生活，又开始了它们之间的永恒斗争。对于现代人，尤其是年轻人，最困难的就是：正视这种司空见惯，魔高一尺，道高一丈。对"阅历"的各种追求，都是由于在这方面软弱。所谓软弱，就是不能正视时代命运的狰狞面目。

1000年来，对基督教伦理的伟大激情的虚妄的皈依，蒙住了我们的双眼。受了这场蒙蔽，我们将重新认识它，这就是我们文化的命运。

对于这些牵涉面很广的问题，已经说得够多了。对这些问题，我们有一部分青年人会这样回答："不错。可是，我们来听课，不光是为了学习分析和确定事实，而且想增加阅历。"他们的错误在于，他们想在教授身上寻找不同于站在他们面前的这个人的东西——他们要的是一位**领袖**，而不是一位**教师**。但是，我们仅仅以**教师**的身份上讲台。这是两回事，人们很容易明白我们上面说的。请允许我再一次把诸位带到美国去，因为在那里可以看到这些东西最纯的原始状态。一个美国男孩儿学习的东西，比起我们的孩子来要少得不能再少。虽然考试多得惊人，但是他并没有像我们的孩子那样，变成学校生活**意义**上的绝对的考试人。因为以毕业文凭为进入官职俸禄王国的门票的科层官僚制在美国刚刚开始。年轻的美国人对任何事、任何人、任何传统和任何官职都失去了敬意，除非当事人个人有成就：美国人把这叫作"民主"。不管与这种思想内容相比，现实表现得多么扭曲，思想内容就是这个，这就是关键。学生这样看站在自己面前的老师：他为了我父亲的钱卖给我知识和方法，跟卖菜婆卖给我母亲菜完全一样。这就结了。不过，这位老师要是足球教练什么的，那他在这方面就是那位学生的领袖了。如果他不是足球教练（或者体育方面类似的人物），那他不过是个老师，别的什么都不是，没有一个美国年轻人会想起，让他卖给自己"世界观"或是一套生活方式准则。当然，这样子的东西我们也会拒绝接受。但问题是，在这种被我有意夸张了的情绪中，是否也有一点点真理？

同学们！诸位来听我们的课，要求我们具备领袖素质，但事先却没有告诉自己，100 个教授中有 99 个不但不曾也不能以生活的足球教练自居，而且根本不曾也不能以生活方式的领袖自居。诸位想想，一个人的价值并不取决于他是否具有领袖素质。不管怎么说，使一个人成为优秀的学者或大学老师的素质，并不是使他成为实际生活方向领域、尤其是政治领域的领袖的素质。如果一个老师同时也具备了领袖素质，那纯系偶然。如果每个站在讲台上的人都感到台下期望他以领袖自居，那可真叫人担心。如果每个大学老师都让自己在课堂上扮演领袖的角色，那就更叫人担心了。因为那些自以为最能当领袖的人，往往最不行，更重要的是，不管他们行还是不行，讲台都绝对不是**提供证明**的场合。一个教授，如果感到有义务给青年人当顾问，并且受到他们的信任，那就愿他在与他们倾心交谈时完成使命。如果他感到有义务干预世界观和立场观点的斗争，那就希望他到外面生活市场上去做这些事，在报纸杂志上，在集会上，在社会团体里，爱上哪儿就上哪儿。不过，在一个所有听众，包括持不同观点的人，都只能沉默的场合，表现自己的信念勇气，毕竟太舒服了点。

诸位最后要问：要是这样的话，那么科学究竟给个人的实际"生命"带来什么积极的东西呢？这使我们又回到"以学术为业"这个问题上来了。当然，科学首先带给我们这方面的技术知识：如何通过计算来把握生活，把握外在的事物以及人们的行动。诸位会说：这不过是美国男孩儿说的卖菜婆么！我完全同意。其次，科学还能带给我们卖菜婆永远不卖的东西：思维方法、思维工具和思维训练。诸位也许会说，这不是菜，可是也不过是获得菜的手段。好，关于这一点就谈到这里。不过，幸亏科学的贡献到此还没完，我们还能使诸位认识它的第三点好处：**明白**。前提当然是，我们自己先得明白。在这种情况下，我们就可以告诉诸位：碰到价值问题的时候——为简便起见，我请诸位以社会现象为例来思考——可以采取这样或那样的不同立场。**如果**采取了这样或那样的立场，那么，按照科学的经验，为了贯彻这种立场，还得采用这样或那样的**手段**。这种手段也许是您认为绝对不能使用的手段。那您就只好在目的和不可避免的手段之间作出选择。目的能不能使手段"神圣化"？教师只能告诉您选择的必要性，只要他还是教师而没有成为民众鼓动家，他就不能再做别的。当然，他还可以进一步告诉您：如果您要达到这种或那种目的，那您还必须考虑到按照经验会产生的这种或那种伴生后果！又是同样的困境。但是，所有这些不过是每个技术人员都会碰到的问题，他们在无数情况下都必须按照恶果较小，或者说相对最佳的原则来下决心。只是对他来说，有一点最重要的是既定的：目的。可是，只要涉及真正的"最终问题"，对于我们来说，目的恰恰不是既定的。讲到这里，我们才触及科学的最后一个贡献：帮助人明白过来。同时也就达到了科学的界限：我们可以——并且应该——告诉诸位：这样或那样的实际立场，按照其本身的意义，可以靠精神的一贯性，也就是靠"诚"，从这种或那种终极世界观的基本立场推导出来，可以从一种基本立场，也可以从几种不同的基本立场推导出来，但不能从别的什么东西推导出来。形象地说，如果你们采取了这种立场，**那你们效忠于这位神，就得罪了别的神**。因为如果你们忠于自己，你们必然会得出这些终极的、内在的、有意义的**结论**。至少在原则上这是可以办到的。哲学这门学科以及别的学科从本质上进行的哲学的原则性讨论，都试图做到这一点。如果我们理解自己的事业（这必须是前提），我们就可以迫使一个人，至少能帮助这个人，说明**自己所作所为的最终**

意义。我觉得，这不是小事一桩，对于纯粹的个人生活来说，也很重要。如果一位老师做到了这点，我会说，他在为"道德"力量服务：为使人明白，使人有责任感而恪尽职守。我相信，他越是注意避免从自己方面强迫或者暗示听众接受某种立场，就越能够做出这些道德贡献。

我在这里向诸位提出的这种见解，当然在各方面都以一种基本事态为出发点：生活，只要它的根据在其自身，由其自身得到了解，那它就只知道诸神之间的永恒斗争——抽象地说：对生活**可能**采取的各种立场的不可调和性、斗争的无结果性，亦即在它们之间作出**抉择**的必要性。在这种情况下，学术是否值得成为一个人的"职业"，它本身是否拥有一种客观上有价值的"职业"——这又是一个在教室里无言答对的价值判断。因为肯定的判断是教学的**前提**。我本人已经通过我自己的工作作出了肯定的回答。而且特别肯定了那种憎恨理智主义、把它看成最坏的魔鬼的立场。今天的年轻人就是这样痛恨理智主义的，或者——多数人——自以为是把理性主义当作魔鬼来痛恨的。这句话适用于他们："当心，魔鬼，它老了，要认识它，你们得变老。"①这里不是指出生证明书上的年龄，而是说：如果要和这个魔鬼较量，那就不能临阵脱逃——这是今天常见的——而是必须从头到尾看透它的伎俩，以便发现它的强点和弱点。

学术，今天是一种按**专业**划分的"职业"，其目的在于认识自己、认识实际中的联系。它不是先知先觉们施舍救世仙丹和启迪浑噩众生的隆恩大礼，也不是智者哲人对**人世的意义**进行的思维的组成部分——它自然是我们的历史环境中的一种无法回避的既成事实，只要我们忠于自己，就不能摆脱这种事实。如果现在托尔斯泰

---

① 语出歌德《浮士德》第 2 部第 2 幕第 1 场。

从诸位中间站起来，问道："既然科学不回答，我们应该做什么和我们应该怎样安排自己的生命，那么谁又来回答呢？"或者用我们今天晚上使用的语言："我们应该为交战的诸神中的哪一位效劳？或者为完全另外的一位？那么这又是哪一位？"可以说，只有先知或救世主才能作出答复。如果他不在，或者他的发布已无人相信，那么，诸位肯定不会用这种方法逼他出世：即成千的教授以领国家薪水并享有特权的小先知的身份，试图在课堂上替他扮演这个角色。他们这样做，只能达到一个目的：对我们年青一代中的许多人渴望的先知并不存在这个最重要的事实的认识，从来不能对他们发挥重要作用。所有这些讲台预言都是赝品，用这种冒牌货对一位真正有宗教"造诣"的人和其他人来掩盖这样一个基本事实：他命里注定要生活在一个既无上帝又无先知的时代，我认为，这样做对他的精神志趣并不起什么作用。在我看来，他的宗教感的虔诚，会使他反抗这种做法。现在诸位也许想说：可是怎样看待"神学"的存在以及它自诩为"科学"这事实呢？我们不要回避作答。"神学"与"教义"虽然不是无所不在，可也不仅仅存在于基督教中。相反，回溯历史，它们在伊斯兰教、摩尼教①、诺斯替教②、俄尔甫斯教③、波斯教④、佛教、印度教各教派、道教中，在《奥义书》⑤中，

① 伊朗古代宗教之一，公元3世纪由摩尼创立，在琐罗亚斯德教二元论的基础上吸收了佛教、基督教、诺斯替教的思想，形成了独特的信仰。唐代传入中国，依附佛教，宋代依附道教。

② 罗马帝国时期希腊—罗马世界的一种秘传宗教，认为物质世界不是至高神所创，而是低于他的一位"巨匠造物主"所造。后来与基督教结合，成为基督教中的诺斯替派。

③ 希腊秘传宗教之一，形成于公元前7—前6世纪，教祖为俄尔甫斯。信仰人具有属天的神性及属地的魔性。

④ 主要指琐罗亚斯德教，主张善恶二元论。公元7世纪，阿拉伯人征服伊朗后，该教一部分信徒不愿改信伊斯兰教，迁往印度西海岸，在南亚次大陆定居下来。

⑤ 婆罗门教最古老的经典之一，吠陀经典的最后一部分，吠檀多派哲学的重要经典，中心思想是"梵我同一"、"轮回解脱"。

当然还有犹太教中，都有高度发展的形式。当然，它们的系统发展
又各不相同。西方基督教不仅——例如与犹太教的教义相比——更
系统地改造了教义，或者朝着这个方向作出了努力，而且这种发展
曾经发挥过最强大的历史作用，这绝不是偶然的。希腊精神造就了
基督教，一切西方神学都发源于希腊精神，就像一切东方神学（显
而易见）都起源于印度思想一样。一切神学都是对宗教圣事的知识
理性化。没有一种科学是没有前提的，也没有一种科学能向拒绝它
的前提的人证明它本身的价值。不过，每一种神学都为了给自己的
工作，进而为了给自己的存在辩护，又增加了一些特殊的前提。增
加的意义和范围都不同。世界必定有一种**意义**，这个前提适用于
任何神学，比如说也适应于印度教神学，它们的问题是：为了有可
能思考这种意义，应该如何解释它？这完全像康德的做法：先提出
"科学真理存在着，并且**起着作用**"这样一个前提，然后从这个前
提出发，问道：在哪些思维前提之下，这才（合乎情理地）成为可
能？或者像现代美学家那样（明确提出——例如 G.V. 卢卡奇 ①——
或者实际上）从"有艺术作品"这个前提出发——然后再问：如何
才能（合乎情理地）成为可能？诚然，各种神学通常不会满足于那
种（基本上是宗教哲学的）前提。它们一般从下一个前提出发：一
定的神的启示，作为重要的救世事实，或者说，作为使合乎情理的
生活方式得以实现的力量，是完全可以相信的，一定的现状与行动
具有神圣的性质，就是说，构成宗教上合乎情理的生活方式，或者
说，是这种生活方式的组成部分。然后它们又要问：这些完全可以
接受的前提怎样才能在一种整体世界图像内得到合乎情理的解释？
这些前提对于神学来说在所谓的"科学"的彼岸，它们不是通常

---

① 卢卡奇 1914 年在韦伯任主编之一的《社会科学与社会政策文献》上发表了《关于
现代戏剧社会学》一文。

理解的"知"，而是"有"。谁若没"有"它们——没有信仰或其他神圣状态——那任何神学也给他补不上这些东西，更何况其他科学呢！相反，在任何"积极的"神学中，信徒都达到了奥古斯丁所说的境界：不是信它悖理，而是信它绝对荒谬。取得这种"牺牲理智"的炉火纯青的成就的本事，是积极宗教人的主要特征。事实如此，足以指出：尽管（最好说由于）有了（揭示这种事实的）神学，"科学"的价值领域与宗教救世的价值领域之间的矛盾仍然（或者说才变得）不可调和。

只有信徒对先知，教徒对教会才依法理"牺牲理智"。不过，还没有一种新预言是通过下面的途径产生的（我有意在此重复这幅已使某些人不愉快的画面）：这种现代知识分子有一种需要，就是用所谓打了保票的真古董来填充自己的灵魂，这当儿他们想起了，他们所没有的宗教，也属于这类古董，于是他们过家家似的用从世界各地淘换来的小圣像装点起一个家中小教堂，用来代替宗教，打扮自己；或者用五花八门的阅历造出一种赝品，赋予它一种神秘莫测的圣品的尊严，然后挟着到书市上叫卖。这是地地道道的自欺欺人。某些在最近几年中默默成长起来的青年团体，对他们本身的人类社团关系也进行宗教的、宇宙的或神秘的诠释，虽然这种诠释有时可能是错误的，但这绝不是欺骗，而是十分严肃和真诚的做法。诚然，每一种真正的博爱行动都会使人联想到，这样做给超人的王国贡献了一点永远不会丧失的东西。不过，我很怀疑，纯粹人类社团关系的尊严是否能通过这种宗教解释得到提高。不过，这不是今天要谈的了。

我们的时代是一个世界理性化、智化，特别是脱魔化的时代。这个时代的命运，恰恰是最高级、最精微的价值退出了社会生活，或者遁入神秘生活的来世，或者流进了个人之间直接交往的手足之情中。难怪我们最伟大的艺术皆以细腻见长，而不以粗犷取胜。也难怪今天只有在最小的交往圈中，在倾心密谈中，才有某种与从前那种以燎原烈火扫过各大社会并将它们融为一体的先知之"气"相应的东西，在轻微地搏动。如果我们强求和发明什么傲岸的艺术感，就会出现过去 30 年间所建的许多纪念碑那样的丑陋不堪的怪物。如果试图琢磨出一种没有真正新意的预言的宗教新力量，就会出现一种在心灵意义上相似的怪物，不过后果更恶劣罢了。讲台预言充其量只能制造狂热的宗派，永远不会创造一个真正的共同体。谁要是不能刚强地承受这种时代的命运，人家必定对他说：他最好悄悄地，不要作一般的公开变节广告，而是平和地、直截了当地回到旧日教会的仁慈宽大的怀抱中去。教会不会难为他。他这时一定要奉上"理智的牺牲"，随便怎样，用什么方式都行，这是免不了的。要是他真能这样做，我们不会为此责骂他。因为这种为了无条件的宗教皈依而作出的理智牺牲，从道德角度看，总还不同于回避知识分子的本分。如果没有勇气澄清自己的最终立场，而是用软弱的相对化来减轻这种义务，就是回避知识分子的本分。我看，这种理智牺牲要比那种讲台预言高明，因为后者不清楚，在教室这个空间里，除了朴实无华的知识分子本分，没有别的什么道德可言。这种本分则要求我们指出，今天那许许多多期待着新先知和新救主的人，他们大家的情景，酷似以赛亚预言中所收的流亡时期的以东^①守夜人唱的那首优美动听的歌："有人在以东的西珥呼唤：'守夜人啊，黑夜还有多远？'守夜人说：'黎明正在降临，可是黑夜还没有过完。如果你们要问，那么下次再见。'"^② 听到这段话的那个民族，已经询问并盼望了 2000 多年，我们知道它那令人震惊的命运。我们要从中汲取教训：只凭思慕与盼望，将一事无成。我们应该做

---

① 以东，地名，位于约旦河谷南端东边，北自摩押，南至西珥山，今属约旦。

② 见《以赛亚书》第 21 章。

些别的：做我们的工作，解决"当务之急"——做人方面的和事业方面的。如果每个人都找到了操纵他的生命之弦的不可抗拒的力量，这其实是质朴而简单的。

以政治为业 ①

　　我按诸位的愿望来作的这个演讲势必会使大家从不同的角度大失所望。讲以政治为业，诸位会不由自主地期待我对当前的现实问题采取某种立场。不过，只有到末尾，谈到某些关于政治活动在整个生活方式中的意义之类的问题时，才会以纯粹形式的方式涉及立场的选择。反之，在今天的演讲中，我们绝不谈任何应当推行何种政治，也就是政治活动应当具有何种内容之类的问题。因为这与何谓以政治为业以及它所能起到的作用这个一般性问题不相干。好，言归正传。

　　何谓政治？这个概念非常宽，包括任何形式的**主导**活动。人们常常说起银行的外汇政策、国家银行的贴现政策、某工会在某次罢工中的政策；还有一个城市或者乡村社区的教育政策、一个团体的理事会的指导政策；一个一心想管住丈夫的精明的妻子，也有政策可言呢！一个这么广泛的概念，当然不是我们今晚观察与思考的基础。我们今天理解的政治是：对一个**政治**团体，今天来说就是一个

<hr />

① 这是 1918/1919 年革命之冬为慕尼黑自由大学生同盟所作的《以精神劳动为业》的系列报告之二。作者在按照速记整理的记录基础上作了加工润色。1919 年 10 月发表。——编者

本文根据联邦德国莫尔出版社 1980 年增订索引第 4 版 Max Weber：*Gesammelte Politische Schriften*，第 505—560 页译出。《政治论文集》的编者，即玛利亚娜·韦伯，下同。——译者

国家及其领导或对这种领导施加的影响。

那么，从社会学的角度来看，何谓"政治"团体，何谓"国家"呢？在社会学里，国家不能用其活动的内容来定义。几乎没有一种任务不曾由某个政治团体来主持；另一方面，也没有一种任务任何时候都完全专属于所谓的政治团体，即今天的国家，或历史上现代国家的前身。也许最后只能用现代国家——和任何政治团体一样——所特有的物质暴力**手段**来给它下社会学的定义。托洛茨基在立陶宛布列斯特讲过："任何国家都建立在暴力之上。"这在事实上是对的。如果只有不知以暴力为手段的社会构成，**那么**"国家"概念就会荡然无存，**于是**冒出了一个具有特定含义的词："无政府状态"。暴力当然不是国家的正常手段或唯一手段——没这么一说——不过，却是国家的特殊手段。恰恰在今天，国家与暴力的关系特别密切。以往各种团体——从氏族开始——都把暴力当作完全正常的手段。今天，我们却只能说，国家是在某一特定的疆域内——这里的"疆域"属于国家的特征——自为地（卓有成效地）占有**合法的物质暴力垄断权**的人类共同体。因为今天的特点是：一切其他团体和个人只能在国家许可的程度上拥有使用物质暴力的权力，国家是使用暴力"权力"的唯一来源。

因此，我们以为，政治就是追求权力分配或对权力分配施加影响，不管是国家之间的分配还是国家内部各种人类群体之间的分配。

这也基本上符合语言惯用法。说某个问题是"政治"问题，说某位部长或官员是"政治"官员，说某个决议受到"政治"影响，都是一个意思；在权力的分配、保持和转移方面的利益对这个问题的回答起着决定性作用，或是对这个决议有决定性的影响，或规定着那位官员的权限。谁要从事政治，就必然追求权力，或者是追求作为为其他目的（理念的或自私的）**服务**的手段的权力，或者是

"为了权力本身"而追求权力：追求享受权力带来的声望感。

　　国家，也和历史上在它之前出现的政治团体一样，是一种建立在合法的（这是说，被认为是合法的）暴力手段基础上的人统治人的关系。被统治者必须服从统治者拥有的权威，这样国家才能存在下去。被统治者什么时候这样做？为什么要这样做？这种统治的基础又是何种内在的道理和外在的手段？

　　一种统治要为自己辩护，就是说为自己的**合法性**辩护，原则上要有三条理由。① 一是"守旧势力"权威，这是被自古就有的遵从权威的影响和习惯性的观念神圣化了的**习俗**的权威："传统统治"，例如旧式族长和世袭王侯进行的统治。再就是非凡个人的**神授**权威（卡里斯马② ），完全从人格上皈依并信赖某一个人的大彻大悟、英雄气概和其他领袖气质：卡里斯马统治，例如先知或者——在政治领域中——被拥立的军事盟主、公民投票选举的统治者、伟大的民众领袖和政党领袖实行的统治。最后是建立在"合法性"基础上的统治，这种统治依靠对合法**章程**的有效性的信任，依靠由理性制定的规则建立起来的事务性"权限"，也就是说，依靠履行规定义务的服从观念：例如现代"国家公仆"和诸如此类的掌权者实行的统治。不言而喻，在现实中，人们之所以服从，完全出自畏惧与希望的动机——畏惧魔力和掌权者的报复，希望于来世或今世得到补

----

① 　详见作者身后发表的论文《合法统治的三种类型》，载《普鲁士年鉴》第 187 卷，（1922 年版）第 1—12 页。——编者。更详细的论述见《经济与社会》第 1 部分第 3 章。——译者

② 　韦伯在《世界宗教的经济伦理·导论》中的解释是："'卡里斯马'这个词应被理解为一个人的一种非凡的品质（不管是真的、所谓的还是想象的，都一样）。'卡里斯马权威'则应被理解为对人的一种统治（不管是偏重外部的还是偏重内部的），被统治者凭着对这位特定的**个人**这种品质的信任而服从这种统治。神秘的巫师、先知、劫猎头领、战争酋长、所谓的'专制'暴君，或许还有个人党魁，这些人对他们的信徒、追随者、被征服的军队、政党等统治就是这样的统治类型。"

偿——此外还出自形形色色的利害关系。这一点我们马上要谈到。但是，要问这种服从的"合法性"根据是什么，那就无论如何也躲不开这三种"纯粹"类型。而这些合法性观念及其内在的依据对于统治的结构又具有极为重要的意义。这些纯粹类型在现实中当然十分罕见。不过，今天不能深谈这些纯粹类型的极为错综复杂的演变、过渡和组合；这是"政治学概论"里的问题。

我们现在特别感兴趣的，是这些类型中的第二种：依靠服从者对"领袖"纯个人的"卡里斯马"的皈依的统治。因为职业思想的最高表现就扎根于此。对先知，或者军事领袖，或者公民大会或国会中的伟大的民众领袖的皈依意味着，他个人是人们内心深处"负有使命"的领袖，这些人并不是根据习俗或章程来服从他，而是因为他们信任他。如果他不至于是一个心胸狭隘、沽名钓誉、昙花一现的暴发户的话，那他就会献身己业，"鞠躬尽瘁"。但是，他的追随者，门徒、信徒、党徒，所皈依的乃是他个人及其人品。以往各个历史时期和各个领域中的最重要的领袖人物有两类：一类是法师和先知，一类是被拥立的军事盟主、土匪头子和雇佣兵首领。我们更感兴趣的，则是西方特有的政治领袖：最初表现为自由的"民众领袖"，他们是在西方特别是地中海文化特有的城市国家的土地上成长起来的；后来表现为议会"党团领袖"，他们同样扎根于西方特有的立宪国家的土壤中。

当然，本来意义上的"使命"政治家，无论在哪儿都不是在政治的权力之争中唯一起决定性作用的角色。更重要的倒是他们所拥有的辅助手段。政治统治暴力怎样才能保住自己的江山？这个问题适用于每一种统治，当然也适用于各种形式的政治统治：既适用于传统统治，也适用于合法统治和卡里斯马统治。

实行任何一种统治都要求持续的行政管理，这一方面需要一种观念，即人们在行动上要服从那些拥有合法权力的君主；另一方面，需要借助这种服从来支配那些为贯彻行使权力所需的物质手段：人事的行政班子和物质行政手段。

行政班子是实行政治统治的外在现象，这也和做别的事情一样。行政班子当然不只由于刚才讲的那种合法性观念才服从掌权者。这种服从来自物质报酬和社会荣誉这两种带来个人利益的手段。封臣的采邑、世袭官员的俸禄、现代国家公仆的薪水、骑士的荣誉、等级 ① 特权、官员的荣誉等使人患得患失，成为行政班子与掌权者休戚与共的最终的决定性基础。在卡里斯马式领袖的统治下，则是好战者获得战斗荣誉与战利品，追随民众领袖的人则可分"赃"：通过垄断职务来剥削被统治者、由政治决定的利润和虚荣心的满足。

要维系任何暴力统治都需要一定的外在物质手段，这完全像经济企业。一切国家制度可以根据下面的原则分为两类：（1）可以指望服从的人事班子——不管是官员或是其他名堂的班子——本身**占有**管理手段，不管是金钱、房屋、战备物资、车队、马匹或别的东西；（2）管理班子与管理手段分离，就像今天资本主义企业内部的职员和无产者与物质的生产资料分离一样。掌权者的家仆、雇佣的官员、个人宠幸或亲信，这些人并非私有者——权力和物质行政手段的占有者，而是被主子指挥的人。掌权者究竟是亲自组阁并通过这些人进行管理呢，还是相反，这种区别在过去的管理组织中到处可见。

---

① 韦伯在《世界宗教的经济伦理·导论》中对"等级"的解释是："我们把'等级地位'理解为：第一，通过一定的人类群体的**生活方式**（往往是他们所受的教育）的种类的区别规定的正的或负的社会荣誉机会；第二，以统治形式的理解术语为出发点——这种机会往往喜欢独立地同为了从法律上保护有关的阶层，而对贵族特权或收入及盈利机会进行的垄断联系起来。一个'等级'是在完成所有这些标志的情况下（当然也不总是这样）的一种通过一定的生活方式、条约式的专门的荣誉概念以及法律上的垄断的经济机会（并非永远按照团体形式组织起来，但总是以任何方式社会化了）的人类群体。"

　　如果一个政治团体的全部或一部分物质手段由附属的管理班子自行掌握，我们就称这种政治团体为"**按等级**"划分的团体。例如采邑团体的领主自己掏腰包支付封地内的行政和司法费用，自己提供打仗用的装备和给养；他下面的小领主也这样行事。结果自然有利于领主的权势，因为这种权势的基础在于对个人的信任，在于领主的封地和社会荣誉来自领主本身的"合法性"。

　　不过，一直追溯到最早的政治组织，我们到处都能找到主子自己进行统治的情形：通过人身依附于他的奴隶、家臣、仆役、"亲信"以及从他自己的粮仓金库中领俸禄的门客把行政管理权抓到自己手里；掏自己的腰包、用世袭领地上的收益去支付行政费用；建立一支人身上完全依附于他的军队，因为这支军队的装备和给养全部来自他的武库和仓廪。在"等级制"团体中，君主借助"上层"实行统治，就是说，与"上层"**一起**进行统治；而在这里，他依靠的则是家院或平民百姓：被剥夺了社会荣誉的一无所有的阶层，他们在物质上完全依附于他，没有任何抗争力。各种形式的家长制与世袭制统治以及科层官僚制的国家制度都属于这种类型。尤其是科层官僚制的国家制度，其理性发展也正是现代国家的特点。

　　无论在哪里，现代国家的发展都起源于君主剥夺能与其平起平坐的"个人"所握有的行政权：这些"个人"掌握了行政、军事和财政手段，把持着各种可用于政治目的的资财。整个过程完全与资本主义经营通过逐渐剥夺个体生产者而发展的过程同步进行。最后我们看到，在现代国家中，全部政治手段都集中到一个宝塔尖上，再也没有一个官员个人拥有他所能支配的金钱、建筑物、仓库、工具和战争机器。在今天的"国家"中，彻底实行了管理班子的分治：行政官员和管理工人同物质手段分离——这是国家概念最本质的部分，那种最最现代化的发展便是从这里起始的，我们看到，这种发展正试图走上将政权拥有者的政治手段和政治权利分开的道路。革命至少被引向领袖取代合法当局的道路，他们通过篡权或选举取得了对政治上的人事部门和物质机器的支配权并且用被统治者的愿望来证明他们的合法性——不管有没有理由。另一个问题是，他们是否能有理由在这种成绩的基础上——至少是表面的——给人以希望：在资本主义经济企业内部也实行这种剥夺，尽管政治管理与资本主义经营有许多内部相似之处，但是后者根据的却是完全不同的规律。对此，我们今天不表态。我只为我们的观察提出纯粹**概念性的东西**：现代国家是一种机构化了的统治团体，它在某一疆域之内成功地垄断了作为统治手段的合法的物质暴力，为此目的，它把物质的行政手段集中到它的领导人手里，剥夺了从前拥有这种特权的全体等级制行政职能人员，从最高一级上取代了他们。

这种政治剥夺的过程，曾在世界各国演进，其成功程度各异。在这个进程中，出现了最早的一类**引申**意义上的"职业政治家"，他们本身并非想当君主，例如卡里斯马式的领袖，而是去为政治君主**服务**。他们在这种斗争中为君主们效劳，一方面借为君主们施政而谋得物质生活的手段，另一方面也创造出理想的生活内涵。也**只有**在西方，我们才能找到**这样的**除了为君主们，也为其他权势们服务的"职业政治家"。他们在历史上是这些权势们的权力手段和政治剥夺手段。

在深入讨论"职业政治家"之前，我们先从各方面弄清楚这些人的存在状态。从政——就是说：对政治组织内部或政治组织之间的权力分配施加影响——完全跟在经济生活中一样，既可以以"临时"政治家的身份，也可以以副业政治家或正业政治家的身份。当我们投下我们那张选票或者进行类似的意愿表达时，例如在某次"政治性"集会中鼓掌或者抗议、发表"政治性"演说等，我们都是"临时"政治家——许多人与政治的全部关系也仅限于此。"副业"政治家指一切只有在必要的时候——尽管也是规律性地——从事这种活动的人，例如党派政治团体中的代表和理事，无论从物质上还是从精神上说，他们都并非以政治为**主要**生命。还有国会和类似的咨询机构中的成员，他们只是奉召时才发挥作用。另外，我们的议员中有相当多的人只有在开会期间才从事政治活动。在历史上，这些人的地位一般比较低。我们所说的"地位高"指合法地占有军事手段或重要的进行行政管理的物质手段或对人的统治权力。这些人中的很大一部分远远谈不上以全部生命或主要精力来从政，他们所做的也并不比偶一为之者多。他们弄权，更多的倒是为了将来得到年金，或者干脆为了赚钱，只是在君主或与他们地位相同的人向他们提出要求时，他们才为政治团体效政治之劳。君主在为创建唯己命是听的政治经营力量而进行的角斗中培植的一部分辅助力量，也属于这种情形。"本来意义上的顾问"，或更早的在古罗马元老院以及君主的其他咨议性机构中聚会的相当一部分顾问，都有这种特点。然而，君主显然不能只靠这些临时性的或副业性的辅助力量。他必须设法建设一个全力为他效劳、心无旁骛的，即以政治为主业的助理班子。新兴王朝的政治组织结构以及有关文化的全部特征，在很大程度上取决于君主从何处罗织这批助理人员。尤其需要这样做的，是那些完全消灭了或者在很大程度上限制了君主权力的，并把自己从政治上建设成（所谓的）"自由"共同体的政治团体——"自由"，并不是说从暴力统治下解放出来，而是说没有那种被传统合法化了的（往往是宗教般的神圣化了的）、作为一切权威的唯一源泉的君主权力了。历史上这种共同体的温床只在西方，其萌芽是：作为政治团体的城市，最早产生于地中海文化圈。在所有这些情形下以政治为"**主业**"的政治家是什么样子呢？

有两种以政治为职业的政治家，或是为政治而生活，或是为生活而从政。两者并不是截然对立的。通常是二者兼而有之，至少从精神的角度看是这样，从物质的角度来看就更是这样了。为政治而生活的人内心深处的"生活的动力"或是把赤裸裸地占有他所行使的权力作为一种享受，或是通过为某一"事业"效力而赋予他的生命以某种意义，并用这种意识来实现内心的平衡和自尊自信。从这种内在的意义上看，大概每一个为某项事业而生活的严肃的人也以这项事业为生计。区别在于事情的实际的一面：经济的那一面。力图把政治变成固定的**收入**来源的人，靠职业政治来生活——否则就是"为"政治而生活。为了使某人能在这种经济意义上"为"政治而生活，在私有制统治下必须有一些您可以说是老生常谈的前提：在正常条件下，他在经济上不能依赖政治可能带给他的收入。这意思十分简单：他必须很富，或者有一种能给他带来充裕收入的私人生活地位。至少在正常情形下是这样。军事君侯的追随者和街头革命英雄的追随者都不问正常的经济条件。他们赖以生存的是战利品、掠夺物、抄家物资、特别税以及强迫别人接受的毫无价值的强制性支付手段——本质上都是一回事。然而这些无疑是例外现象，在日常经济生活中，只有私有财产才建立了这种功勋。不过仅此还不够，他还必须能从经济上"脱出身"来，就是说，他的收入不能单靠他个人持续地把全部或大部分精力投在赢利事业上。从这层意思上看，能脱出身来从事政治事业的只有靠租金或红利过活的人，这是完全没有劳动量的收入，这种收入可以是过去的领主、现在的大地主与贵族的地租——在古代和中世纪则是奴隶或农奴的贡赋，也可以是有价证券或类似的现代息根。至于工人和企业家，尤其是现代大企业家，在这个意义上说，都不能脱身从政。如果把农业的季节性特点考虑进去，那么工业企业家比农业企业家更多地束缚于经营，更难脱身从政。前者更难找到替身，哪怕是一时性的。医生也如此，医术越高，越忙，就越难脱身。倒是律师更容易脱身，由于纯粹的职业技术原因，他们起着无可比拟的重要作用，而且往往是支配作用。现在我们不打算继续纠缠这种决疑论了，而是要澄清几个结论。

一个国家或政党由那些（从经济意义上说）只为政治而生活，而不是靠政治来谋生的人领导，这必然意味着政治领导阶层由富豪构成。当然不能反过来说：这种财阀统治意味着，政治统治阶层**不**追求靠政治来谋生，不惯于利用其政治统治来为私人的经济利益服务。这当然不可能。从来没有一个阶层没这么干过。这不过是说，职业政治家没有必要直接为他们的政治成绩索取报偿，没钱的人才要求这些。另一方面，这并不意味着穷政治家仅仅或主要着眼于自己的私人经济供给，而不是或主要不是为事业着想。没有比这更错误的了。根据经验，富人关心的是其存在的经济"安全"，不管他是否意识到，这种关心都是他的全部生活方针的基点。无所顾忌、无需前提的政治理想主义恰恰扎根于那些由于没钱而对维护一定社会的经济制度漠不关心的阶层，即使不全如此，也是大部分如此，在特殊时期，亦即革命时期，尤其如此。这不过是说，如果关心政治的人、领导者和追随者并非由富人构成的话，那么必须有一个不言而喻的前提，即这些有志者能从政治活动中获得规律性的可靠的收入。政治可以由我们常说的"独立的"，亦即有钱的人，特别是坐收租金利息的人来进行，这是"义务"从政。政治也可以由没钱的人来进行，但必须给他们报酬。靠政治来谋生的职业政治家可以是纯粹的"俸禄人"，也可以是领薪水的"官员"。他或者从规费和某些工作的手续费中得到收入——小费和贿赂仅仅是这类收入中不规则的、形式上不合法的变种；或者有一种固定的实物或现金或二者兼有的收入。他可以具备"企业家"的特点，像从前的雇佣兵首领、捐官的、买官的或者像美国的党魁那样，把这笔花销当作投资，通过运用他的政治影响再获取利润。他也可以有一份固定的工资，例如编辑、政党书记、现代的部长或者政治官员。过去，封邑、赐田、形形色色的俸禄，特别是随着货币经济的发展出现的费用俸禄，这些就是君侯、告捷的征服者、成功的政党头目给他们的追随者的典型报酬；今天，政党领袖给予忠于职守者的则是政党、报界、合作社、医疗保险机构、地方和国家的各种官职。一切政党斗争都不仅是追求物质目标的斗争，而且主要是争夺官职任命权的斗争。在德国，地方分治主义与中央集权制之间的所有斗争，主要围绕着一个问题：何种势力，柏林人还是慕尼黑人还是卡尔斯鲁厄人或者德累斯顿人，掌握着官职任命权？对于政党来说，谋求官职受到挫折比其物质目标受到打击更难受。在法国，一次党派政治性的省长更迭一向被看成重大变迁，所引起的轰动远远超过修改几乎只有单纯惯用语作用的政府纲领。有的政党，尤其是美国的，自从解释宪法的旧日矛盾消失以后已经成了单纯追逐官职的党，它们按照获取选票的机会随时变更着自己的纲领。在西班牙，两个大党为了给它们的追随者加官晋爵，直到近年还以由上面制造的"选举"的形式约定俗成轮流掌权。在西班牙殖民地，无论是所谓的"选举"，还是所谓的"革命"，都是为了争夺喂饱胜者的国家饭碗。在瑞士，各党以比例代表制的方式均分官职，我们的一些"革命"宪法草案，例如巴登第一宪法草案，曾试图将这一制度推广到部长级，把国家及其官职当作单纯提供俸禄的机构。最热心此道的是中央党，它在巴登甚至把按教派比例而不考虑其贡献来分配官位作为纲领中的一点。随着普遍科层官僚化带来的官位不断增加，随着对作为特别**有保障**的生计手段的官职的追求越演越烈，各种政党都越来越倾向于这样做，它们日益成为追随者达到以此来谋生目的的手段。

与此相反，现代官员经过长期的专门化预备训练，成长为有业务专长的高质量的脑力劳动者，他们廉洁正直，有很高的社会荣誉感。如果没有这种**荣誉感**，我们注定要被可怕的腐化及庸庸碌碌所吞噬，就连国家机器的纯粹技术性的工作也会受到威胁，而国家机器的经济作用正随着日益社会化而日益增加、日益扩大。窃国政客的外行行政早已被一系列的文官改革击得一败涂地。在美国，一遇总统竞选失败，这种外行行政就要撤换几十万公务人员，直至邮差，根本没有终身的职业公务人员。行政管理的纯粹技术性的无从回避的需求决定着这种发展。在欧洲，分工的职业官员制是在半个世纪中逐渐发展起来的。意大利的城邦和绅士首开其端，君主制则发轫于诺曼底征服国，决定性的一步来自君主**财政**。从马克斯①皇帝的行政改革中可以看到，在这个最受不了外行统治的领域内，官员们如何在极度贫穷和土耳其统治的压力下千辛万苦地剥夺了君主的权力，当时这种外行统治者还不过是一名骑士。军事技术的发展造就了专业军官，司法程序的精细化造就了受过训练的法官。在这三个领域中，比较发达的国家的专业官员队伍 16 世纪取得了决定性的胜利。随着君主极权制战胜了贵族等级，君主亲政也逐渐让位于专业官员。因为他正是通过这些官员取得了对贵族等级的一个又一个胜利。

随着受过专业训练的官员队伍的崛起，"主导**政治家**"也同时成长起来，虽然这是潜移默化地进行的。当然，世界各国自古以来就有实际上权威性的君主的谋士。在东方，为了尽可能解除苏丹②对政府施政后果所负的个人责任，创造了"大相"这种典型角色。在西方，主要由于在外交专业范围内被热情传颂的威尼斯使节报告的影响，在卡尔五世③时代——**马基雅维利**的时代④——外交最先成为一种**有意识地**培植的技艺，外交家多半受过人文主义教育，他们互以受过教育的内行阶层里的人相待，很像中国战国末期的人文

---

① 马克西米连一世。——编者

② 苏丹是某些伊斯兰国家最高统治者的称号。

③ 卡尔五世（1500—1558），1519—1556 年间为神圣罗马帝国的皇帝，为巩固帝国，在欧洲发动了一系列战争，镇压马丁·路德的宗教改革。

④ 马基雅维利的外交活动在 1512 年之前，离卡尔五世即位还有 7 年。

主义政治活动家。全部政治，包括内政，需要有一位举足轻重的国务活动家在形式上统一领导。由于立宪制的发展，这种需要终于迫在眉睫了。在此之前当然也经常出现这类个别人物，他们或者是君主的谋士，根据情况也可能是君主的领导。但是，即使在最先进的国家，行政机关最初也是按别的方式组织起来的。合议制的最高行政管理机构业已出现。从理论和与日俱减的事实上看，它们在君主本人的主持下合议，由君主作出决定。这种合议制度导致了正反两方面的意见以及说明问题的多数票和少数票。除了官方最高机构，君主身边还有纯粹个人的亲信——"内阁"，他通过这些人对国务院——或者别的名目的最高国家当局——的决议拍板。越来越沦为外行的君主，试图通过合议制和内阁制摆脱专门培训官员产生的不可避免的与日俱增的影响，把最高领导权抓在自己手里；专业官员制与君主亲政制之间的这种潜在的斗争处处都有。不过，面对国会及其党团领袖的权力欲，情况有所改变。极其不同的前提却导致了外观上一样的结果，当然有一定的差异。在王朝依然握有实权的地方——尤其是德国——君主的利益与官员的利益联合起来反对议会及其权力欲。官员关心的是由他们来占据领导的地位，也就是部长位置，即升官目标。君主关心的则是能够按照自己的尺度从官员队伍中任命部长。两方面都志在使政治领导团结一致对付议会，也就是用一个统一的内阁撰首来取代合议制。除此之外，君主为使自己从党派斗争和党派攻击中解脱出来，还需要一个代他负责的人物，这个人的责任是在国会面前进行答辩、抵制国会并与各政党进行斡旋。所有这些利益都朝着一个共同的方向发挥作用：一位进行统一领导的内阁首相出现了。在国会势力压倒君主的地方——例如英国——国会势力的发展更有力地促进了统一。以议会领袖为首的英国内阁则发展成为一个占有多数席位的政党的委员会，这个多数势力虽然不被官方法律承认，实际上却在政治上起着决定性作用。官方合议机构本身并不是一个实际统治势力的机构、党的机构，因此不代表实际的政府。执政党为了对内维持政权，对外推行扩张政策，倒是需要一个由该党实际领导人组成的配合默契的强有力的机构：这就是内阁。而面对公众舆论，特别是国会舆论，需要有一个对所有决议负责的领袖，他就是内阁首脑。这种英国式制度在大陆以议会制内阁的形式被采用了，而在美国和受其影响的民主政体中，则提出了一种与之大相径庭的制度，这种制度把通过直接民选选出的胜利党领袖推到由他任命的官员机构的最高位置，他只在预算和立法方面需要国会的同意。

政治发展成为一种"营业"，这种营业要求争夺权力斗争的技能和方法并用它们来发展现代政党。政治的这种发展把公职人员分为虽说不是天差地别但却泾渭分明的两类：一类是专业官员，另一类是"政治官员"。本来意义上的"政治官员"通常可以从外表看出来：他们随时可以被随便调职、撤职甚至停职备用，很像法国的省长和其他国家类似的官员，而完全不同于具有法官功能的独立官员。在英国，那些按照惯例在议会多数亦即内阁变化时被解职的官员也属此列。有些官员的职责包括一般的"内政管理"，其"政治"部分主要是维持国内秩序的任务，也就是维持现存的统治关系，通常也特别把这类官员算在"政治"官员之列。在普鲁士，根据普特卡默尔公告①，这类官员要避免惩处就必须尽"支持政府的政策"的义务，而在法国，省长则被作为影响选举的官方工具。按照德国体制，要取得官位必须受过高等教育，通过专业考试并进行职前实习，这些都不同于其他国家。虽然德国的政治官员具备了另一类官员的品质，但是在我们这里，偏偏政治机构的首脑——部长们——

---

① 1882 年。——编者。1882 年普鲁士政府副总理（总理为普鲁士国王）普特卡默尔发表公告，要求官员支持政府的政策和候选人，自由主义官员将被开除。——译者

不具备现代专业官员的这种特征。在旧政体中，一个人即使连中学都没有上过，也能当教育部部长，但是原则上必须具有上面的考试基础，才能当报告参事。例如在阿尔特霍夫时期的普鲁士教育部里，受过专业训练的科长和报告参事的业务技术知识远远超过了上司。在英国也毫无二致。正因为如此，他们在处理日常问题时比上司更有权，这并不悖理。部长原本是**政治**势力的代表，他必须维护这种势力的政治准则，依靠下级专业官员的建议，给他们以适当的政治性指示。

这竟与一个私人经济企业中的情形极其相似：真正的"主权人"，股东大会，在企业领导中同受专业官员统治的"小民百姓"一样没有影响力。对企业的政策起决定性作用的人物，由银行控制的理事会，只下达经济性指令、选择经营管理人员，本身却无力从技术上领导企业。就此而言，革命国家现在的结构并没有原则上的新意，这种国家把行政权交给仗着有机关枪的大外行，想把受过专业训练的官员仅仅当成执行命令的脑袋和双手来使用。这种现行体制的困难尚不在此，我们今天不涉及这些。

现在我们更关心的问题是，职业政治家，既包括领袖，也包括随从，有什么典型特点？这些特点有过变化，今天也是千差万别。

如我们所知，"职业政治家"过去在君主对其他等级的斗争中通过为君主效劳而发展起来，我们简单地看看几种主要类型。

君主依靠没有贵族等级特点的有政治价值的阶层来反对贵族等级。属于这些阶层的首先是神职人员，在印度半岛和印度支那地区，在佛教的中国和日本，在喇嘛教的蒙古，在中世纪的基督教地区都是这样。技术上的原因是，他们识字。引进婆罗门、僧尼、喇嘛，起用主教、教士做政治顾问，都是为了得到能在皇帝、君主、可汗反对贵族政体的斗争中使用的能读会写的行政管理力量。神职人员，特别是独身的神职人员，不参与正常的政治利益和经济利益的角逐，不会像封臣那样为了后代向君主争夺自己的政治权力。神职人员通过自身的等级素质"独立"于君主行政的经营手段。

这类阶层中的第二个是受过人文主义教育的文人。有一个时期，人们学习用拉丁语演说，用希腊语写诗，旨在成为君主的政治谋士，最好是政治文件的起草人。这是人文主义学派的第一个繁荣时期，也是君主发起"诗学"讲座的时期。对于我们来说，这是一个对我们的教育产生过深远影响而政治上却没有比较深刻的后果的短暂的过渡时期。在东亚则不同。清廷的官大人（现在，或者更确切地说是过去，）原本与我们文艺复兴时期的人文主义者相似：用人文主义方式受过遥远的过去的碑文石刻教育并经过考试的儒士。您读一读李鸿章的日记，就会发现，他最引为自豪的是会做诗，写得一手好字。这个阶层因循中国古制，决定了中国的全部命运。要是当年的人文主义者稍有机会取得同样的结果的话，我们的命运也会如此。

第三个阶层是宫廷贵族。君主在成功地剥夺了贵族的上层政治权力以后，把他们引进宫廷，让他们从事政治和外交工作。17世纪我们教育制度的变革也是由于宫廷的职业政治家取代了人文主义的文人来为君主效劳。

第四个范畴是一种特殊的英国产物；一种包括小贵族和城市食利者的新贵，术语叫作"绅士"。最初是与巨商大贾们为敌的君主把这个阶层拉到了自己身边，为了以后更加依靠它，让它占据了"自治政府"的官位。为了巩固自己的社会势力，它无偿地接受了地方行政的所有职位，从而占有了这些职位。它使英国免遭大陆各国科层官僚化的命运。

第五个阶层为西方主要是欧洲大陆所特有，对其整个政治结构有决定性意义：这就是受过大学教育的法学家。科层官僚制的后罗马国家修订过的罗马法，对后世产生了巨大的影响。这种影响再明显不过地表现为：向理性国家发展的政治活动的革命化无论在哪里都是由受过训练的法学家进行的，包括在英国，虽然那里强大的国家律师公会阻挠接受罗马法。地球上任何地区都不能与此相比。印度弥曼差学派^①的一切理性法律思想的萌芽、伊斯兰教中的一切古代法律思想的进一步发展，都不能遏止神学的思维形式湮没理性的法律思想。主要是诉讼程序没有充分理性化。只有在意大利法学家借用了古代罗马法学以后，才导致了这种充分理性化。古罗马法学是一种由城邦上升为世界霸权的政治组织的独一无二的产物。对它的借用表现为中世纪晚期的法典汇编学家和宗教法规学家的"古为今用"以及由法学思想和基督教思想产生的后来世俗化了的自然法理论。意大利的中世纪最高执法官为王室埋葬领主统治提供了形式手段的法国王室法学家、宗教法规学家、有自然法思想的拥护高级神职人员会议的神学家、欧洲大陆君主的宫廷法学家和学院派法官、荷兰的自然法教师和反王权绝对论者、英国的王室派和国会派法学家、法国国会中的法衣贵族以及大革命时期的律师，都是这种法律理性主义的伟大代表。没有这种理性主义，绝对国家的兴起和革命都不可想象。如果您读一下法国国会的抗议书或是法国等级会议从 16 世纪到 1789 年的陈情书^②，就会发现，处处都有法学家的精神。如果您看一下法国国民会议成员的职业构成，就会发现——虽然他们是按照平等的选举法产生的——只有一位无产者、很少几位资产阶级企业家，相反，形形色色的法官、法学家却有一大堆。如果没有这些法学家，那就根本无法想象那种曾经赋予激进的知识分子及其计划以灵魂的特殊精神。从那时期，近代律师与近代民主

———————

① 印度六派正统哲学体系之一，可能是最早的一派，是吠檀多的基础，并对印度的法律产生了深刻影响，该派最早的著作是公元 1—2 世纪时阇弥尼的《弥曼差经》，主张"正法"是世界和谐的基础。

② Cahiers de doléances.——编者

就完全融为一体了——我们所说的律师，作为一个独立的阶层，只存在于西方，他们是从中世纪诉讼理性化影响下的形式主义的日耳曼诉讼程序的"代言人"发展而来的。

自从政党出现以来，律师在西方政治中的作用便不是偶然的了。由政党来进行的政治活动也就是利益相关者的活动——我们很快就会知道这是什么意思。卓有成效地处理当事人的事务，是受过训练的律师的拿手好戏。他在这方面胜过任何"官员"，这足以使我们认识到敌对宣传的长处。他无疑能使一件由逻辑脆弱的论据支持的所谓"坏"事胜诉，也就是说从技术上辩"好"。但是，也只有他能使靠逻辑性很强的论据支持的所谓"好"事胜诉，也就是说辩"好"。作为政治家的官员往往由于处理不当而把"好"事变成"坏"事：这种事我们大概都有感受。因为今天的政治在很大程度上公开用口头或书面语言的方式来进行。考虑言词效果是律师的基本任务之一，但却不是专业官员的基本任务。专业官员并非民众领袖，他们无意于此。如果他们竟想成为民众领袖，那也只能成为糟糕透顶的。

真正的官员——这对于评价我们从前的政体至关重要——就其本职来说，不应从政，而应"管理"，特别要不带**党派性**来管理——只要国家至上原则，亦即统治制度的生存利益，不成问题，这一点也同样适用于所谓的"政治"行政官员。他应当"不感情用事"，"心平气和"地做好本职工作，而不应当去做政治家、领袖及其追随者们必须经常去做的事：**斗争**。因为立场鲜明、斗争、狂热——感情用事——都是政治家的基本特点，尤其是政治**领袖**的基本特点。**他们**的行动受一种与官员的责任完全不同的、**恰恰**相反的责任原则支配。官员的荣誉在于，有一种违心地执行上司错误命令的本事：对上司负责、兢兢业业、恪尽职守，似乎那种错误命令完全符合自己的想法。没有这种最高的伦理纪律和自我否定，全部机器就会崩溃。相反，政治领袖——也就是处于领导地位的政治家——的荣誉却在于，仅仅为自己的所作所为**自我**负责，这是他责无旁贷的事。道德高尚的当官的却恰恰是道德低下的坏政治家，因为他在政治上毫无责任心。遗憾的是，在领导岗位上有不少这样的当官的。这就是"官僚政治"。如果我们从产生的后果出发来揭露这种体制的弊端，大概无损于我们的官员们的荣誉。

"民众领袖"，自从立宪国家出现以来，确切地说是自从民主政体出现以来一直是西方领袖式政治家的典型。虽然这个词儿令人不快，但不应忘记，第一个被称为"民众领袖"的，不是克里昂（Kleon）①，而是伯里克利（Perikles）②，他无官无职，被委任为独一无二的最高统帅，凭着这个选出来的职位，他领导了行使主权的雅典民众大会。现代的群众鼓动工作取决于演说，看看一个现代候选人所要做的竞选演说，就知道演说在数量上达到了惊人的程度。但是，印成文字的东西，效果更为持久。政治评论家，尤其是**新闻记者**，是这一类人中当今最重要的代表。

在这个报告中，即使对现代政治新闻学的社会学只作个素描，也是完全不可能的，从任何一种角度来看，它都应该自成一章。不过，有几件事却是今天非谈不可的。新闻工作者和一切民众领袖以及——至少在大陆是这样，这与英国的状况相反，也不同于从前普鲁士的情形——律师有着共同的命运：没有固定的社会分类。新闻记者属于贱民阶层中的一类，"社会上"总是按照这类人中品行最差的代表来评价它。因而流行着一些对于新闻工作者及其工作的奇谈怪论。一项真正**优秀**的新闻作品所需的"才智"绝不亚于任何一

---

① 克里昂（？—公元前 422），雅典政权中商业阶级的第一个著名代表人物，佩里克利斯死后，他成为雅典民主派的领袖。

② 伯里克利（公元前 495—公元前 429），雅典最伟大的政治家，公元前 461 年成为民主派领袖。

项学者的成果，特别是由于必须奉命当下交卷，并且立即**生效**，这当然是完全不同条件下的创造。这些艰辛不是每一个人都能想到的。新闻工作者的责任要重大得多，平均而言，每一个正直的新闻记者的**责任感**丝毫不比学者的低，而是更高，战争已经证明了这一点。这些几乎从未受到赞扬，因为留在人们记忆中的，往往恰恰是那些不负责任的新闻作品及其所产生的可怕后果。说一个精明的新闻工作者一般要比别的人更为谨言慎行，没人信。但这是事实。这个职业本身带来的巨大诱惑以及眼下新闻工作的其他条件造成了某些后果，使得公众习惯于以鄙视与可怜的卑怯交织在一起的心情来看待新闻界。今天不可能讨论应该怎么做。我们感兴趣的问题是，新闻工作者的**政治**职业命运、他们取得政治领导地位的机会。到目前为止，只有社会民主党内有有利的机会。但是在这个党内，编辑位置的主要特征还是党政干部性质的，这并不足以构成**领袖**地位的基础。

在资产阶级政党内，就整体而论，通过这条路向政治权力攀登的条件和上一代人相比是恶化了。当然，任何重要的政治家都需要新闻界的影响和报界关系。但是从新闻队伍中产生政党**领袖**，却是绝对例外，不能指望。原因在于新闻工作者越来越"不能脱身"，特别是那些没有资产而必须拴在职业上的新闻工作者。之所以不能脱身，是由于新闻工作的紧张性和现实性大大地增加了。为了挣钱，每天或者每周都得写出文章来，这对于政治家来说是沉重的拖累。我知道一些领袖人才，就是因此而在向权力登攀的过程中身心俱废，内伤尤惨。新闻界与旧政体中党政统治势力的关系给新闻工作水平造成的后果真是糟得不能再糟了，这是一个另文处理的题目。这种关系在敌对国家中却不尽相同。但即使在那里，而且还有一切现代国家，似乎都适用这样一句话：新闻工作者的政治影响越来越小，资本主义报业大亨——例如诺思克利夫①"爵士"之流——的政治影响却越来越大。

不过，在我们这里，资本主义的大报业康采恩迄今总是政治冷漠态度的典型温床，它们控制的主要是登"小广告"的"大众报"。因为从独立的政治那里什么也赚不到，尤其不能从政治统治势力那里捞到商业性好处。战争期间，人们曾试图利用广告业务对报界大规模地施加政治影响。现在看来还要继续这样做。即使能指望大报躲开这种影响，小报的处境却艰难得多。不管新闻生涯另外还有多大的吸引力，不管它能在多大范围内造成影响、发挥效力，特别是负起责任，它们都不是——也许还要等等看，是否不再是，或者还不曾是——政治领袖飞黄腾达的正常道路。某些——不是所有——记者视为正确的匿名制是否能对此有所改变，尚很难说。德国报界在战争期间曾特聘文坛名流担任报纸领导，他们坐不改名，行不改姓，这我们都经历过了，其中几个众所周知的事例却令人遗憾地指出：并非尽如人愿，责任感**没有**增加多少。事实上，恰恰是一些声名狼藉的马路小报靠这种方法扩大了销路，这里没有什么党派之别。有关的先生们、出版商和写耸动新闻的记者发了大财，但肯定没挣到荣誉。我们丝毫没有反对匿名制的意思，问题十分复杂，上述现象也并不普遍。不过，**迄今为止**，这种匿名制还不曾是成为真正领袖的道路，也不曾是**负责地**从事政治的道路。事态如何发展，尚待静观。不过，在任何情况下，新闻生涯始终是从事职业政治活动的最重要的途径之一。这条路并非人人都能走。性格脆弱的人，尤其是那些只有处于有保障的稳定地位才能维系内心平衡的

---

① 阿尔弗莱德·哈姆斯华思（1865—1922），英国报纸发行人，早年创办大众化报纸《答问》，以后购买了《伦敦晚报》、《电讯周报》，创办了《每日邮报》、《每日镜报》，并控制了《泰晤士报》。1904年他被封为诺思克利夫男爵，1918年晋升为诺思克利夫子爵。

人，绝对走不了这条路。即使年轻学者的生命靠赌注，但是牢固的地位规范也束缚着他，使他不至失礼。新闻工作者的生命却无论从哪一方面来看，都是彻头彻尾的赌博，而且是在其他任何环境无法相比的考验内心安定的条件下赌博。职业生涯中往往令人辛酸的经验也许还不是最糟的事。对有成就的新闻工作者的内心要求就更加严格，难以办到。出入豪门沙龙，似乎与人家平起平坐，而且经常受到阿谀奉承，因为人家怕他，自己心里却很清楚，只要前脚迈出门，主人或许就会向客人们解释，他为什么会和这位"报界偷儿"来往——这的确不是件容易事。还必须立即按照"市场"要求对一切事，对每一件事，对任何生活中可以想象的问题不假思索而令人信服地发表见解，不仅不能肤浅，而且尤其不能自我暴露，丧失尊严，陷入窘境，这也不是件容易事。令人惊异的倒不是有许多人格上失礼或者失去价值的新闻工作者，而是尽管如此，这个阶层仍然有外人难以设想的一大批宝贵、正直的人。

如果说新闻工作者作为职业政治家的典型有一段颇为悠久的历史的话，**党务官员**的形象则属于近几十年来的发展，有些是近几年才出现的。为了从历史沿革上认识这类人物，有必要考察一下政党和政党组织。

任何定期选举掌权者的大规模的政治团体都有必要从事政治活动：**利益相关人的活动**。这里说的大规模，指超出了小型农村社区的区域和职权范围。这就是说，少数热心于政治生活、热心于分享政治权力的人通过自由宣传，为自己招来追随者，毛遂自荐或推举部下当竞选人筹集资金，拉选票。很难设想，如果没有这种活动，在大规模的政治团体中如何能进行选举。实际上，这种活动表示，有选举权的国家公民分为政治上积极的和政治上消极的两类。因为这种差别建立在自觉自愿的基础上，所以诸如选举义务、"职业阶层"代表之类的措施，或在实际上反对这种状况、反对职业政治家统治的建议，都不能消灭这种差别。领袖与追随者是竞选的积极分子，是任何政党的活动分子。这里说的竞选，指追随者投领袖的票，并通过追随者使消极选民投领袖的票。不过，每个政党的结构不同，中世纪城邦的政党，例如教皇党和帝党，完全是由个人追随者组成的党。教皇党的章程是：没收贵族——这里原指那些过骑士生活或有采邑资格的家庭——的财产、剥夺他们的官职和选举权，建立跨区的党委会和严格的军事性组织，奖励告密者。看一下这个章程，就会使人联想到布尔什维克主义、它的苏维埃、它的严格筛选过的军事与——主要是在俄国——间谍组织、它如何解除"资产阶级"的武装并剥夺其政治权利（这里的资产阶级指企业主、商人、食利者、神职人员、王室后代、警探）并想起它的财产充公政策。如果作进一步的类比，就会发现两者有惊人的相似之处：教皇党的军事组织是一支以户口本为根据的骑士军队，贵族几乎占据了所有的地位；苏维埃则保留了，更确切地说是重新起用了高薪企业主、计件工资制、泰罗制①和军事纪律及车间纪律，并引入外资，一言以蔽之，不得不重新捡起**一切**被他们当作资产阶级的阶级产物斗争过的东西，以便使国家与经济重新运转起来。此外，苏维埃还起用旧沙俄的秘密间谍作为国家政权的主要工具。不过，我们现在不管这些暴力组织，与我们有关的是那些在选票市场上通过冷静"平和"的政党竞争夺取政权的职业政治家。

我们通常所说的政党，最初，例如在英国，曾经是贵族政体的简单追随者。当一个上层贵族由于某种原因而改变党籍时，所有依

---

① 美国工程师泰罗（1856—1915）首创的一种工资制度。内容是：从车间中挑出最灵巧的工人，记录他们完成每一操作步骤的时间，据以规定生产规范和定额。主旨在于减少操作过程中浪费的时间和多余的动作。

附他的人也都跟着跳党。直到"改革法案"时期①，大贵族家族，特别是王室，仍然把持着大部分选区的任免大权。与这类贵族党相近的是绅士党，随着市民阶层的权力上升，这类政党也在各地出现。受西方典型知识分子阶层思想指导的"有教养有财产的人"分化到他们所领导的各种政党中，其原因部分是本阶级利益方面的，部分是家庭传统方面的，还有一部分则纯粹是意识形态方面的。神职人员、教师、大学教授、律师、医生、药剂师、有钱的农场主、制造商——在英国则是整个自诩为绅士的阶层——最先组织起临时团体，甚至地方政治俱乐部；在动荡年代，小资产阶级出来表现自己；无产阶级如果有领袖的话，也会站出来，不过这些领袖通常并不来自无产阶级本身。在这个阶段，还根本没有作为全国性的持久团体的跨区党。团结工作全靠议员们来做；地方绅士则对于候选人的提出十分重要。纲领部分来自候选人的竞选号召，部分遵循绅士会议和议会党团决议。俱乐部的领导，在大多数没有俱乐部的地方则是完全不拘形式的政治活动，作为临时工作，在正常年代是由少数始终关心这项工作的人当作副业或名誉事业来进行的；只有新闻工作者是领报酬的职业政治家，只有办报才是连续性的政治活动。除此之外，只有国会开会期了。国会议员和议会党团领袖当然知道，在希望采取某种政治行动时应当向哪里的绅士求援。但是，只有大城市里才有常设的政党机关，它们有适当的党费收入，定期会晤，召集公开大会听取代表们的汇报。政党只有在选举期才活跃起来。

国会议员关心的是达成跨区选举谅解的可能性以及全国广大阶

① 1831 年、1832 年"改革法案"。英国议会在历史上通过了三次"改革法案"，将选举权从贵族控制的小城镇扩大到人口密集的工业城镇。这里指的是第一次"改革法案"，1831 年提出并由下院通过，1832 年由上院通过。

层承认的统一纲领和在全国进行的统一的宣传鼓动的战斗力。这种关心成为政党日益紧密地团结起来的推动力。党的地方组织的网络已经扩张到中等城市，并通过"中介人"向全国扩张，议会党团的一名成员以中央党部领导人的身份同这些中介人保持着持久的联系。尽管如此，党的机关作为绅士团体的特点并没有改变。中央党部之外尚无受薪的官员；领导地方支部的，无一例外全是"德高望重"的人，他们之所以这样做，也是为了受人敬重：他们是国会外的"绅士"，除了有朝一日坐在国会内的代表们组成的政治绅士阶层，就是他们在施展影响了。不过，由政党出版的党内通讯也已越来越多地为报界和地方集会提供着精神食粮。定期缴纳的党费是必不可少的，一小部分供作中央的开销。不久之前，德国的党组织还处在这个阶段。在法国，第一阶段的某些内容，还完全处于支配地位：国会议员的联合极不稳定；国会以外，全国只有为数很少的地方绅士；在具体竞选活动中由候选人或他们的赞助人提出纲领，虽然有些地区也依据国会议员的决议和纲领。这种制度只是部分地被突破了。以政治为主要职业的人极少，基本上是当选的议员、中央的少数干部、新闻工作者，在法国还有那些有"政治职务"或目前正在争取这种职务的角逐者。政治在形式上还是副业居主。"够当部长资格"的议员为数极少，竞选人中够上这种资格的也很少，这是因为他们的绅士性格。但是，直接关心政治活动的人，特别是有物质利害关系的人，却非常之多。因为政府各部制定任何措施，特别是对人事问题的任何决定时，都考虑到一个问题，那就是它们对竞选机会的影响。人们试图通过本区议员的斡旋来实现各种愿望。不论好坏，部长都必须倾听这位代表的话，如果他站在部长一边、属于多数——这也是每个部长求之不得的——那他就更受欢迎了。每一个具体的代表控制着本选区的官职任命权以及各种事务中的各种任命权，为了能连选连任，也保持着与地方绅士的联系。

绅士阶层，特别是议员们统治下的这种田园诗般的状态与最现代的政党组织形式成为鲜明的对照。后者是民主、群众选举权的产物，是必须宣传群众和组织群众的产物，是领导的高度统一与严明的纪律的发展的产物。绅士统治与议员的操纵都告终了。国会外面的"主业"政治家开始从事政治活动。他们或者以"企业家"的身份出现——美国的党魁和英国的"竞选代理人"便是这样行事的——或者是领固定薪水的官员。形式上正在出现广泛的民主化。议会党团不再制定权威性的纲领，地方绅士不再提候选人。取而代之的是：组织起来的党员大会选举候选人，派代表参加更高一级的党的会议，从基层到全国的党的大会可能有好几级。不过，事实上权力自然还是掌握在那些持续领导党内工作的人手里，或者掌握在那些控制着政党活动的财权和人事权的人手里——例如强大的政治利益俱乐部（坦曼尼协会）①的赞助人和领导人手里。最重要的是，这整个人事机构——在盎格鲁撒克逊国家形象地被称为"机器"——更确切地说，是那些领导这个机构的人，能够向国会议员们挑战，并在相当大的程度上将自己的意志强加给他们。这对于选择党的**领导**尤其重要。领袖就是机器追随的那个人，他也能凌驾于国会之上。换言之，这类机器的出现意味着**公民投票**式民主的到来。

党的追随者，特别是党务人员和党的企业家，当然盼望领袖的胜利会给他们带来个人的报偿：官职或别的好处。所指望的是领袖，而不是，或者不仅仅是个别国会议员，这是最要紧的。他们所期待的主要是：领袖**人格**所产生的民意效力在党的竞选斗争中赢得选票和选民授权，以便取得政权并尽可能为追随者提供更多的机会，让他们得到所希望的报偿。出自对自己信赖的人格的倾慕来为

---

① Tammany Hall，美国历史上操纵纽约市政的民主党执行委员会的俗称。最初是独立战争时期的爱国社团，19 世纪末沦为腐败的城市政党政治的代名词。

一个人工作，而不只是为一个由平庸之徒组成的党的纲领工作——这是一切领袖的"卡里斯马"基础，这种满足感在精神上是一种动力。

这种形式，在同追求自己影响的地方绅士和国会议员的持续的潜在斗争中，在极不相同的程度上受到了承认：最初在美国的资产阶级党内，后来在社会民主党内特别是德国社会民主党内。一旦没有了一个普遍承认的领袖，反击就会接踵而来，即使有这样一位领袖，也得向党内绅士的虚荣和欲求作出各种妥协。然而，机器也可以处于掌握着日常工作的党务**官员**的控制之下。有些社会民主党人认为，他们的党已经受到这种"科层化"的影响了。这些党务官员比较容易对深得民心的领袖人格心悦诚服：他们的物质与精神利益都和党的权力的作用有着密切联系，这种作用则有待领袖去发挥。这样一来，为领袖工作本身就能使人得到较多的精神满足。在那些党务人员和绅士都能左右党的地方——这是资产阶级政党中常见的情形——领袖的出现要困难得多。因为这些绅士正是靠他们占据的主席团或什么委员会中的小小的位置**从精神上**"过自己的日子"的。对民众领袖这种"新人"的忌妒，对自己在从事政党政治方面所占的"经验"优势的自信——这在实际上有时也十分重要，对旧日党的传统会遭到破坏这种意识形态上的担忧，这一切决定着他们的行动。在党内，他们获得了一切守旧因素的支持。尤其是农村的选民，不过也有小资产阶级选民，他们只认那些早已熟悉的绅士的名字，而不相信他们不熟悉的人，目的当然是，**一旦**这位绅士得势，他们便更加坚定不移地依附他。下面我们看几个这两种结构斗争的主要例子，特别是奥斯特洛戈尔斯基[①]所描述的公民投票形式

———————

① 莫伊赛·奥斯特洛戈尔斯基（1854—1919），白俄罗斯政治学家、社会学家、史学家和法学家，政党组织比较研究的创始人，通过对美国和英国的考察，对两国的政党制度进行了比较和分析。

的兴盛。

首先是英国，那里的党组织直到1868年还几乎是一个清一色的绅士组织。例如托利党在农村就依靠圣公会牧师，此外，还常常依靠教书先生，尤其要依靠郡内大地主；辉格党则往往依靠诸如持不同政见的传道人（在有这种人的地方），兼营驿站的车马店店主、铁匠、裁缝、制绳匠之类的手工业者，这类人之所以能产生政治影响，是因为人家爱找他们聊天。在城里，各政党的分歧一部分来自经济观点，一部分来自宗教观点，一部分则直接来自家庭中传统的政党观点，不过，绅士总是政治活动的支柱。在他们上面是国会和政党以及内阁和"领袖"，这个人或是部长会议主席，或是反对党主席。领袖身边有党组织最重要的职业政治人物："执鞭人"①（Whip）。他手里有官职任命权；求官者都得找他，他再和各选区的代表们磋商。通过在地方上招募代理人，各选区开始慢慢地发展起一个职业政治家阶层，这种代理人最初是不要钱的，地位和我们的"中介人"差不多。此外，选区内又出现了一个新的资本主义企业家类型："选举代理人"，这个类型不可避免地存在于英国保证选举纯洁的现代立法中。这一立法试图监督选举费用，反对金钱势力，它规定候选人有义务报告他在竞选中花了多少钱：因为竞选人除了喊嗓子，还得掏腰包——比咱们这里从前的情形有过之而无不及。选举代理人让竞选人给他一笔总数，他据此往往会做成一笔赚钱生意。在英国，出自要实现某种伟大的持续性政策这种迫切原因，无论在国会还是民间，在"领袖"与党绅之间的权力分配中，领袖总是占有十分重要的地位。不过，国会议员和党绅们也有相当可观的影响。

旧的党组织一半像乡绅们的农场，一半像职员和业主们的工

①　这里指党的总书记。

厂。1868 年以后出现了"党务制"，先是在伯明翰的地方选举中，后来推广到全国。一位持不同政见的牧师和约瑟夫·张伯伦[①]一起建立了这种制度。这种制度兴起的原因是选举民主化。为了争取群众，必须建立起一个貌似民主的庞大的机器，在市内的每个区都设立一个选举团体，使机器不停地运转，一切都严格地科层化：受雇受薪的官员不断增加，地方选举委员会很快组织起大约 10% 的选民，选出有补选权的主要斡旋人作为执行党的政策的正式骨干。推动力量是地方势力，特别是那些关心社区政策的地方势力，他们也是财政资金的主要提供者，因为社区政策无论在哪里都是物质利益的最可靠的来源。新兴的机器不再由议会领导，很快便同迄今为止的掌权者，特别是组织秘书展开了斗争。新机器在地方上有利益关系的人的支持下取得了胜利，组织秘书只得服输并与之串通一气。结果是全部权力集中到少数人手里，最后集中到党内地位最高的那个人手里。因为在自由党内这个体制的形成是与格莱斯顿[②]的发迹联系在一起的。格莱斯顿"伟大的"民众鼓动力，群众对他的政策的道德内容、特别是对他本人的道德人格的坚信不疑，这些就是新机器迅速战胜绅士们的原因。一种恺撒式公民投票的政治人物，竞选场上的独裁者，上场了。他很快就亮了相。1877 年党务会首次在大选中活动，战绩辉煌：迪斯累利[③]在自己的全盛时期垮台了。1886 年这个机器已经完全置于卡里斯马式个人的领导之下，当爱尔兰自治法案提出来时，全部机构从上到下没有一个人问一问：咱们实际上是站在格莱斯顿的立场上吗？而是简单地听信格莱斯顿的话，和他一致，并说：他怎么做，咱们就怎么跟，完全抛弃了机构

---

① 约瑟夫·张伯伦（1836—1914），英国政治家，社会改革家。

② 威廉·爱华特·格莱斯顿（1809—1898），英国政治家，自由党领袖，当过四届首相。

③ 本杰明·迪斯累利（1804—1881），英国政治家，保守党领袖，两度出任首相。

本来的创造者张伯伦。

这样一套机器需要一种相当庞大的人事机构。在英国，直接靠政党政治谋生的人大约有两千多。纯粹为了捞取地位或者因为有利害关系而参与政治活动的人，为数自然就更多了，尤其是地方上。除了经济的机会以外，对于那些有用的党务政治家，还存在着一种满足虚荣心的机会。当"治安官"，甚至当"下院议员"，是常人最大的抱负。受过良好的家庭教育的人，"绅士们"，能够实现这种志向。最吸引人的还是贵族头衔，对于巨额资助来说，更是这样——党的财政约有 50% 来自这些无名的捐赠者。

这一整套体制产生了什么效果呢？今天，英国的议员中除一两个内阁成员（和几个孤僻的人）以外，通常都不过是纪律良好的投票动物。在咱们的帝国议会里，人们起码要在自己座位前面的写字台上处理几封私人信件，为表示他们在为国家福利效劳。在英国，连这种姿态都不必做：国会议员只需投票、不叛党就行了；组织秘书召之，他们即来；内阁或反对党领袖有令，他们即行。如果领袖是位强者，那么全部党务机器会毫无异议地由他控制在手中。凌驾于议会之上的是一位真正的公民投票的独裁者。他通过"机器"让群众追随他，议员们不过是追随他的领政治俸禄的人。

这种领袖是怎样挑选出来的呢？他首先应该具有什么样的能力？除了世上最重要的意志力以外，当然就属群众演说力这一项重要了。演说的方式随时代而变化，科布登①时代着重理智，格莱斯顿时代似乎擅长"让事实说话"的技巧，今天，为了动员群众，则加强了纯粹的情绪手段，救世军就曾这样做过。现存的状况大概可以称之为"建立在利用群众情绪基础上的专政"——不过，英国国会里十分发达的委员会工作体制使每一位打算进入领导层的政治家

---

① 里查德·科布登（1804—1865），英国政治家，国际自由贸易的倡导者。

有可能而且也必须参与委员会中的工作。近几十年中所有重要的内阁大臣都受过这样一段现实而有用的工作训练。有了作报告和公开批评那些指导的实践，这种训练就成了真正的挑选，它淘汰了单纯的民众鼓动家。

以上说的是英国的情形。那里的干部会议制比起美国的党组织来不过是削弱了的形式，美国的政党组织早就特别纯粹地体现出公民投票的原则。按照华盛顿的观念，他的美国应该是一个由"绅士们"来治理的国家。当时的绅士指的是地主或受过大学教育的人。最初也的确是这样。政党形成时，众议院议员要求当英国绅士统治时代那样的领导人物。党组织非常松散。这种情况一直持续到1824年。早在19世纪20年代以前，党的机器便在某些地区处于形成过程中了，这些地区也是最早开始近代发展的场所。但是直到安德鲁·杰克逊这位西部农民的候选人当选为总统①，旧传统才被推翻。1840年以后，重要的国会议员——卡尔霍恩②、韦伯斯特③——退出了政治生活，上层议员对党的领导便正式结束了，因为面对全国的政党机器，国会的权力几乎丧失殆尽。在美国，公民投票"机器"之所以出现得这样早，原因在于，在那里，而且仅仅在那里，行政首脑兼——这是至关重要的——任命官员的首脑是一位公民投票选出的总统，由于"三权分立"原则，他在行使职权时几乎不受国会限制。食官位俸禄的人的真正分到的赃物是总统选举胜利带来的工资。安德鲁·杰克逊将"分赃制"④系统化为一种原则，由此可

---

① 1829—1837年。——编者

② 约翰·卡尔德威尔·卡尔霍恩（1782—1850），美国政治家，历任众议员、陆军部长、副总统、参议员和国务卿。

③ 丹尼埃尔·韦伯斯特（1782—1852），美国政治家，历任众议员、参议员、国务卿。

④ "分赃"源于1832年纽约州议员威廉·勒纳德·马西的演讲："对敌人的分赃乃属于胜利者。"分赃制是美国政治中的一种流行现象，大选获胜的政党通过任命公职来答谢竞选的支持者，任命的标准主要看忠诚程度，而不是才干。

以得出教训。

分赃制——把联邦的所有官制奖励给获胜的候选人的追随者——今天对于政党结构有什么意义呢？全无定见的政党互相对峙，它们是纯粹的猎官者组织，根据获得选票的机会在选举斗争中随时改变自己的纲领——改变的幅度是任何类似的行为都无法与之相比的。这些党本来就完全是为了对决定官员任命至关重要的竞选斗争而配备起来的：竞选联邦总统和各州州长。纲领和候选人在党的"全国代表大会"上确定，用不着国会议员们来干预：党代会的代表由各地的代表大会形式上非常民主地产生，代表会议的席位又来自"预选会"，即党的基层选举人大会。预选会上选出的代表就已经被称为"国家元首候选人"：各党内部围绕"提名"问题展开了最激烈的斗争。总统手里至少有对 30 万至 40 万个官员的任命权，但他必须和各州参议员协商才可任命这些人。参议员因此是有权力的政治家。相形之下，众议院在政治上权力甚微，因为它被剥夺了官员任命权，部长们是总统的真正助手，而总统是由人民批准的，独立于任何人，包括国会，因此部长们可以不管众议院信任与否来行使自己的职权：这是三权分立的一个后果。

建立在这种基础上的分赃制在美国从技术上说是可行的，因为在美国文化的年轻时期，纯粹的外行管理是可以忍受的。30 万—40 万这号党员除了有功于他们的党以外别无长物，这种状况当然不可能不造成严重的弊害：无以复加的腐败和浪费只有这样一个尚有无限经济机会的国家才能承受得起。

随着这种直接诉诸民意的政党机器系统的出现，有一种人粉墨登场了："党魁"。何为党魁？这是一种政治性的资本主义企业主，他估计自己的得失风险来经营选票。他可以作为律师，或者酒店老板，或者类似企业的所有者，或者作为放债人来发展第一批关系。由此继续放钱，直到他能"操纵"一定数量的选票为止。到了这一步，他便开始与邻近的党魁建立起联系，通过自己的热情、机巧，特别是审慎引起同道先辈们的注意，并由此爬上去。党魁对于党的组织是不可或缺的。组织集中在他的手里。绝大部分钱是他提供的。他从哪里弄来钱？一部分来自党费，大部分来自那些通过他及其政党当了官的人纳的税，再就是贿赂和小费。谁要想触犯刑律而不受处罚，就必须得到党魁的宽大，并要为这种宽大破费。不然的话，他马上就会不好受。但仅靠这些还不够经营的资本。党魁还必须直接接受大施主的钱。这些财主不会把为了选举目的而捐的钱交给领工资的党务人员或任何公开管账的人。党魁凭着他在金钱事务上的聪明小心，当然就成了那些资助选举的资本主义集团要求的人了。地地道道的党魁是一个绝对清醒的人。他不求社会荣誉；在"上流社会"里，"职业运动员"是受人鄙视的。他只追求权力，作为金钱之源的权力，但也为了权力本身。他暗中工作，这是他与英国的领袖相反的地方：人们听不到他公开演讲；他只诱导演讲人应该有目的地说些什么，他自己却保持沉默。除了联邦参议院的参议员以外，他通常不接受官职。因为根据宪法，参议员有权参与官员的任命。重要的党魁往往亲自出任这一职务。官职的分派主要看对党的贡献，但也有看出价而拍板的，具体的官职有一定的价码：这种卖官鬻爵的制度早在 17、18 世纪就在包括教廷在内的君主国家中存在了。

党魁没有固定的政治"准则"，他全无定见，只关心怎么能弄到选票，缺少教养的党魁并不罕见。但这种人的私生活却无懈可击，过日子一本正经。只是在政治伦理方面，他很自然地使自己适应既有的政治行动的一般伦理，就像我们中间的许多人在囤积时期在经济伦理方面的作为一样。作为"职业运动员"，作为职业政治家而受到社会轻视，他并不介意。他本人不担任联邦要职也不想担任，这有一个好处：如果党魁指望那些非党的知识分子，也就是社会名流们在竞选中有更大的吸引力的话，也往往抬出他们当候选人，而不像咱们，总是让那些老党绅当候选人。这种无一定之规的党的结构及其受社会蔑视的当家人反而能把能干的人送上总统宝座，在咱们这里，这样的人从来没有升得这么高过。自然，党魁们也反对那些会危及他们的金钱与政权根基的人。不过，在争取选民好感的竞争中，党魁们也不得不接受少数被誉为与腐败作斗争的人当候选人。

这是一种高度资本主义化的、自上而下严密地组织起来的政党活动。它的支持者也是非常严密的、类似教团方式组织起来的坦曼尼协会似的俱乐部。这类俱乐部只追求通过政治性的控制，特别是控制地方行政——这也是最重要的榨取目标——来获取利润。党的生活有这样的结构，很可能由于合众国作为一个"新国家"有高度的民主。这种联系如今注定了这种体制正在缓慢地消亡，美国已经不能只由外行来统治了。15 年前，如果你问美国工人，为什么他们要让他们自己看不起的政治家来统治自己，答案是："我们宁愿让我们往他们脸上啐唾沫的人来当官，而不要一个你们那里那样的官僚层来往我们脸上啐唾沫。"这是旧的美国"民主"的立场，社会主义者当时所想的已经全然不同了。这种状况再也无法忍受了。外行统治不行了，公务人员改革造成了越来越多的能领退休金的终身职位，受过大学教育的官员取得了职位，他们在清廉、能干方面并不亚于我们的官员。大约有 10 万个职位现在已不再是选举循环中的分赃对象，而是与文凭挂钩、能领退休金的职位。这将使分赃制逐渐销声匿迹，党的领导方式也会有所改变，不过我们还不知道怎样变。

在**德国**，政治活动的最重要的条件迄今基本上有下面几条：一是国会无权。后果是，没有一个有领袖资格的人愿意长期留在国会。即便有人愿意进入国会，他在那里又能干什么呢？如果有个办公位子空着，你可以对当事的行政长官说：我的选区里有一个很能干的人，可能合适，用他吧！长官于是欣然同意。但这就是一个德国议员为了满足他的权力欲——如果他有这种权力欲的话——所能做的一切。第二个因素——规定着第一个因素的因素：在德国、受过训练的专业官员的重要性。这方面，我们在世上无与伦比。这种重要性带来的后果是，专业官员不仅要求专业官员职位，而且还要求部长职位。在巴伐利亚州议会几年前讨论议会化时，有一种说法：如果让国会议员进入政府各部，有才能的人就不会再当官了。此外，官员行政还系统地逃避了像英国的委员会磋商式的监督方式——只有少数例外——国会根本无力从议员中培养出真正能干的行政首脑。

第三个因素是，我们德国有有政治信念的党，这些党至少从主观上相信，它们的党员都有"世界观"，这和美国成为鲜明的对照。德国有两个最重要的党，一个是中央党，另一个是社会民主党，它们天生就是少数党，而且这也是它们的愿望。帝国的中央党上层从不讳言，他们之所以反对议会制，是由于他们怕沦为少数，从而难以通过向政府施加压力给猎官者找到位子。社会民主党原则上是少数党，并且是议会化的障碍，因为他们不愿意让现存的资产阶级政治制度玷污自己。两党都置身于议会制之外，这个事实使这种制度成为不可能。

德国的职业政治家又能有何作为呢？他们没有权力，没有责任，只能扮演下属角色，因此十足的职业本能开始萌动。在这个靠卑微的地位谋生的绅士层中，任何非我族类都不可能爬上去。我可以从每个党中举出许多名字来，当然社会民主党不在内，每一个名字都意味着一场政治生涯中的悲剧，因为当事人具备领袖素质，正是为了这个，绅士们容不得他。我们所有的党都走过这条发展为绅士派的路。例如倍倍尔①，虽然才智平庸，但从气质和人品的廉正来看，还是一位领袖，他是一位殉道者，在群众眼中，他从未失信于他们，这一事实使他得到了他们的绝对支持，社会民主党内没有出现过真正能与他抗衡的势力。他死后这一切也就告终了，官员统治开始了。工会干部、党的书记和新闻工作者的地位升高了，官瘾控制着党，一批相当体面的官员，与别的国家相比，特别是与美国那些受贿的工会干部相比，他们体面得出奇，然而，以前谈到的官员统治的后果也带到党内来了。

资产阶级的党从80年代起已经完全变成绅士派了。各党为了宣传的目的偶尔也必须吸收党外知识分子，以便可以说："我们有某人与某人。"但它们尽量避免让这些人参加选举，只有在无法避免，当事人又坚持非参加不可时，他才能成为候选人。

议会中也笼罩着同样的精神。我们的议会党团过去和现在都是同业公会式的团伙。在帝国议会的全体会议上发表的每一篇演说，事先都经过党内彻底审查。人们从这些闻所未闻的空洞无聊的演说中可以发现这一点。谁被指定为发言人，才能发言。这同英法两国的惯例形成难以想象的尖锐对比，当然法国有它自己完全不同的道理。

如今，由于这场人们习惯地称之为革命的大崩溃，也许已经开始了一次变迁。也许——就是说，不肯定。首先，各种新式政党机构的萌芽开始出现。头一种是业余爱好者机构，往往由各大学的学生出面，他们对一位他们认为有领袖素质的人说：我们来替您做必要的工作，您就说吧！第二种是商人式的机构。是这么回事：人们找到他们认为有领袖素质的人，表示愿意按每张选票的固定价钱来

---

① 斐迪南·奥古斯都·倍倍尔（1840—1913），德国社会民主党创始人之一，德国工人运动领袖。

为他拉票。要是各位真心诚意地问我，从单纯技术与政治的观点来看，这两种机构中哪一种比较可靠，那么，我相信我会选择后者。但两者都是很快出现的气泡，旋即又消失了。现存的机构经历过改组，但仍继续工作。那些现象不过是一种征兆，预示如果有领袖，那些新机构也许有可能被起用。然而比例代表制的技术性特点就已经排除了它们成功的可能性。只出现过一两个街头专政者，很快就又垮掉了。不过只有街头专政者的追随者有严明的组织纪律：这正是凋零的少数力量之所在。

我们假定情况变了，这就必须根据以前所说的来澄清：由公民投票选出的领袖来领导党，决定了其追随者会"失去灵魂"，也许可以说，他们会从精神上无产阶级化。为了成为对领袖有用的工具，他们必须盲目地服从，做美国式的机器，不为绅士的虚荣心和个人观点上的自负所干扰。林肯之所以能当选，正是由于党组织有这种特点。格莱斯顿之所以能当选，也是由于党务会有这种特点，这在前面已经说过了。这正是为了受领袖领导必须付出的代价。只有一种选择：带"机器"的领袖民主，或者是没有领袖的民主，就是说，没有使命感、没有使人成为领袖的内在的卡里斯马特质的"职业政治家"的统治。这就是党内反对派通常所说的"帮派统治"。目前在我们德国只有后一种。将来，由于联邦参议院有可能恢复，势必会对帝国国会及其作为挑选领袖的场所的重要性有所限制，至少国内情况会变得有利。此外，比例选举法也会产生同样的效果。就目前的形式而言，比例选举法是无领袖民主政体的一种典型现象，这不仅由于它有利于绅士们就提名讨价还价，而且由于它使利益团体将来有可能迫使别人将他们的人列入官员名单，由此创立一种没有真正的领袖存身之地的非政治性议会。只有通过公民投票而不是由国会选出来的德国总统才能满足人们对领袖的需要。只有当在准备认真地同腐败现象作斗争的大城镇，例如美国各地，民选的市长有权独立地安排自己的办公机构时，领袖才能在考验工作的基础上出现，并被挑选出来。这需要一个前提，就是有一个与这种选举相应的党组织。不过鉴于所有的党，尤其是社会民主党，对领袖都怀着一种小资产阶级的敌意，未来党的组织方式以及所有这些机会，都还很渺茫。

因此，今天还无法判断，作为职业的政治活动应当如何从外部组织，尤其无法估计，通过什么途径才能给有政治才干的人提供机会，使他们能得到心满意足的政治任务。对于那种由于财产状况而不得不靠政治来谋生的人，大致有这样几种选择：以新闻工作或常务工作为捷径，或者考虑担任工会、商会、农会、手工业协会、劳工委员会、雇主联合会等组织的代表，或者在城镇管理部门找一个合适的职位。关于政治工作的外表印象，我们只能说一点，就是党务人员和新闻工作者都有一种"丧失社会地位"的污点。"雇佣笔杆子"、"雇佣说客"之类的字眼尽管很不常用，不幸的是，记者和党务人员的耳朵根却快要磨出茧子来了；谁要是心灵上不能自卫，也不能给自己以正确的答案，那他还是离这种营生远点好，不管怎么说，这是一条充满诱惑又时时令人失望的道路。

那么，政治又能给人带来何种内心的愉快呢？一个献身政治的人应该具有什么样的个人前提呢？

政治首先保证你有权力感。即使身居微职，职业政治家也能意识到，他在影响人，在参与支配人的权力。特别是有一种把握着重大历史事件的神经末梢的感觉，这样一些感觉使他从日常生活中超脱出来。但问题在于，靠什么样的素质他才能不辜负（不管在具体条件下多么有限的）权力，确实负起肩上的责任？我们现在涉及伦理问题了，因为为了能操纵历史的舵盘，应该成为一个什么样的人，这是一个伦理问题。

可以说，有三种素质对于政治家特别重要，热情—责任感—判断力。**实事求是**地说，热情就是献身于一项事业，不成功，便成仁。这不是我的亡友格奥尔格·齐美尔 ① 习惯称作"无实之华"的那种心态。"无实之华"是某一类知识分子，特别是俄国知识分子（当然不是他们中的一切人）的特色，在今天这场用"革命"这个骄傲的名称粉饰起来的狂欢节中，它在我们的知识分子中也起了一种重大的作用：一种没有任何实际责任感的喜欢做智力游戏的人的空中楼阁式的"浪漫"。因为，只有热情，心再诚也无济于事。热情，如果不为"事业"服务，不把对这项事业的**责任**当作重要的行动指南，是造就不了政治家的。为此需要**判断力**，这是政治家十分重要的心理素质。判断力，就是沉静地面对现实的能力，也就是对事对人的**距离**。单纯就此而言，"没有距离"是一切政治家的不赦之罪之一，也是把我们的下一代知识分子惯成无用之辈的弊端之一。问题正是：怎样才能迫使炽烈的热情和冷静的判断力融合在同一个人身上？政治用的是头脑，而不是人体的其他部位。但是，献身于政治，只能出自热情，并靠热情来支持，当然，这种政治不应是轻佻的智力游戏，而应是真正的人类行动。强烈的克制，是热情的政治家的特点，也是他同那种华而不实的政治半瓶醋们的区别。只有通过养成保持距离——包括这个词的各种含义——才能做到严于克己。政治"人格"之"强"，最最重要的是指具备这些素质。

　　因而，政治家必须时时刻刻同自己本身的浅薄和过于人情味这个敌人作斗争，这就是庸俗不堪的**虚荣心**——一切实事求是的献身精神的死敌，有了虚荣心，就不能保持距离，在这种情况下就是不能保持同自己的距离。

　　虚荣心是一种十分流行的特点，大概没有一个人完全摆脱了

---

　　① 格奥尔格·齐美尔（1858—1918），德国哲学家、社会学家，形式社会学与冲突社会学的创始人。

它。在学术界和知识界，它是一种职业病。不过对于学者来说，不管虚荣心表现得多么讨厌，总还不是十分有害，就是说，通常并不干扰学术活动。对于政治家来说可就完全不一样了。他把追求**权力**作为不可避免的工作手段。"权力欲"——这是常见的说法——因而实际上属于他的正常素质。如果追求权力不是为"事业"服务，而是不务实事，成了纯粹个人自我陶醉的对象，那么他就开始对自己职业的神圣精神犯罪了。在政治领域中，归根结蒂只有两大不赦之罪：不务实事和不负责任，两者往往一致，但也不总是这样。虚荣心就是要求尽量出风头，它使政治家不能自拔地陷入蛊惑：犯其中一桩罪或两桩都犯。当民众领袖被迫考虑"效果"时，就更糟糕了。正因为如此，他始终处于危险之中：又想变成演员，又想轻而易举地为他的所作所为的后果承担责任，只关心他给人的印象如何。不务实事使他越来越追求权力金碧辉煌的外表，而不是真正的权力，不负责任则表现为：只是为了权力本身而享受权力，而没有实质性的目标。尽管，更确切地说：**正因为**权力是不可避免的手段，而权力追求是一切政治的动力，所以对政治力量所作的最坏的歪曲莫过于靠权力瓦釜雷鸣，虚荣心大作，陶醉在权力感中，简言之，对权力的形形色色的膜拜。我们这里也有对赤裸裸的"权力政治家"的狂热崇拜，试图神化他。也许他能发挥巨大作用，可实际上一事无成，一钱不值。批评"权力政治"的人完全正确。从"权力政治"的典型骨干们精神上一下子崩溃这一点，我们可以看出，在这种爱卖弄的空架子背后隐藏着何种内在的弱点和无能。这种空架子是对人类行动的**意义**表现得极为可怜、极为浅薄的自命不凡的产物。事实上，任何行动，特别是政治行动都有悲剧的成分，那种自命不凡的空架子对这一点却毫无认识。

政治行动的最终结果往往，但不全是规律，和本来的意图不协调，有时甚至截然相悖，这完全是事实，而且是全部历史的一个基本事实，不过我们今天不想进一步证实。正因为如此，如果说行动应当有精神支柱的话，那么"为某项**事业**服务"这样的思想是丝毫也少不得的。政治家为之追求权力、运用权力的事业该是**什么样子**，这是信仰问题。他可以为民族的或人类的、社会与伦理的或文化的、精神生活的或宗教的目的服务；他可以由对"进步"——不管什么样的"进步"——的强烈信念武装起来，也可以冷漠地拒绝这类信念；他可以要求为某种"理念"服务，也可以原则上否定这种要求而为日常生活的具体目标服务——不管是什么，总要**有**一种信念。不然的话，那种尘世虚妄、逝者如斯的命运实际上——这是完全正确的——也会降临到那些虚有其表的政治成就上面。

说到这里，我们已经涉及今晚要讨论的最后一个问题：以政治为"事业"的**伦理**。政治本身——不管其目的如何——能使何种职业在人生合乎道德的总体安排中得到满足？换句话说，何处是政治得以栖身的道义场所？当然，最终必须在互相冲突的深刻的世界观中进行**选择**。最近又重新对这个问题展开了讨论，在我看来讨论的方式相当错乱。让我们果敢地面对这个问题吧！

不过，我们首先要把问题从浅薄无知的歪曲中解放出来。伦理，最初可能扮演一种糟糕透顶的角色。让我们举几个例子。诸位很难找到这样的男人，当他的爱情从一个女人转到另一个女人身上时，会没有一种感到要把自己的做法正当化的需要。他会对自己说：她不值得我爱，或者她使我失望了，或者摆出诸如此类的理由。他不爱她了，妇人必须承受这种直截了当的命运。而他还要为自己**编造**"正当"的理由，把不幸和不义全加在她身上。这实在太不仗义了。情场上的胜者都爱玩这种把戏：情敌一定不如自己，否则他不会输掉。任何一场战争胜利后，胜者如果以有失身份的刚愎声称：我胜利了，因为我是正义的，这并不奇怪，也很自然。或者，当一个人由于恐惧战争而从精神上崩溃时，他不直接说：这太残酷了，而是觉得需要为自己的厌战情绪辩护。他这样表达自己的感觉：因为我必须为一项不道德的事业战斗，所以我受不了。战败者也会这样为自己辩护。与其像老娘们儿那样在打完仗后找"祸首"——造成战争的毕竟是社会结构——倒不如像条男子汉，吞下苦水，对敌人说："我们打输了，你们赢了。这已经过去了。现在让我来谈应该做什么结论吧！这要符合战争所争的**实质**性利益，还要——这是大事——考虑对未来的责任，这主要是胜者的事。"任何别的做法都会丧失尊严，造成恶果。一个民族可以原谅对他们利益的伤害，但不能原谅对他们荣誉的伤害，尤其不能原谅用教士的优越感来伤害他们的荣誉。任何一份在几十年后公布于世的文件都会再度激起不体面的叱闹、仇恨和愤怒，而不是至少从**道义**上埋葬战争及其结局。这只能借助务实精神、风度，特别是**尊严**来实现。却永远不会借助"伦理"来实现，这种伦理实际上意味着双方都失掉尊严。伦理并不关心政治家的事——未来和对未来的责任，而是追究过去的罪责，这个问题在政治上毫无结果，因为不能作出结论。如果说有罪责的话，那么这样追究罪责本身就是罪责。这样做会忽视实质利益对全部问题不可避免的歪曲：胜者关心的是索要最大的好处——道义的和物质的；败者则希图通过认罪捞到好处；如果有什么可以称之为"**卑鄙**"的事情的话，这就是利用"伦理"作为"正义"的手段的结果。

那么，**伦理与政治**之间的真实关系究竟如何呢？真的像人们有时说的那样，它们毫不相干吗？或者相反，"同一种"伦理既适合政治行动，也适合别的行动？人们有时认为，在这两种说法之间只能有一种选择：或者这个对，或者那个对。但是，世上真能有一种对于爱情关系和商业关系、家庭关系和公职关系内容完全**相同**的伦理吗？能对妻子、卖菜婆、儿子、竞争对手、朋友和被告都一视同仁吗？政治是用**暴力**支持的权力这种特殊手段来工作的，难道这一事实对于向政治提出的伦理要求没有特殊意义吗？难道我们看不见，布尔什维克主义和斯巴达克团的思想家正是因为使用了政治的这种手段，才取得了和任何军事独裁者**同样**的结果吗？工人士兵委员会的统治同旧政体的任何一个掌权者的统治的区别，除了权力所有者的人事安排和外行统治外，还有什么呢？主观上想象的新伦理本身的多数代表们又靠什么同被他们批评的对手们甚至任何别的民众领袖论战呢？有人会说，靠高尚的意图！妙极了！但这里说的是手段，而他们所攻击的对手们主观上也诚心诚意地认为自己的最终意图是高尚的。"凡动刀的，必死在刀下。"① 斗争在哪里都是斗争。那么，**登山宝训**的道德呢？**登山宝训**被认为是福音的绝对伦理，讨论**登山宝训**是一件比今天喜欢引用这些戒律的人所想象的更为严肃的事。和**登山宝训**是不能开玩笑的。说科学中的因果性不是出租马车，可以招之即来，随意上下，这也适用于**登山宝训**。如果它不应当是陈词滥调的话，那么，它的真义在于：**要么全有，要么全无**。例如那位富家少年："他忧伤地走了，因为他有许多家产。"② 福音的诫命是无条件的，非常清楚：把你有的全都无条件地舍出。政治家要说：只要不是针对**所有人**的，那它就是毫无社会意义的过分要求。那么，税、捐、没收等便是对所有人都有效的强制和秩序。而伦理诫命则**根本不管**这些，这就是它的本质。"连左脸也送过去！"无条件地转过去，不用问，为什么别人有权打这一掌。这是一种丧失尊严的伦理——对圣人除外。这就是说，必须在**各方面**都是圣人，至少有这种愿望，必须活得像耶稣、使徒、圣方济各③ 那样，**唯有如此**，这种伦理才有意义，才是尊严的表现，**否则不行**。因

---

① 《新约全书·马太福音》26：52。

② 同上书，19：22。

③ 又称亚西西的圣方济各（1183—1226），天主教方济各会和方济各女修会的创始人，商人、天主教教会运动以及动物和自然环境的守护圣人。

为，如果出世的仁爱伦理的结论是："勿用暴力抵抗恶行。"①那么，对于政治家来说，这句话应该反过来才有用：你应当用暴力抵抗恶行，否则，你要对它的得势负责。谁要按照福音的伦理行事，他就退出罢工——因为一切罢工都是强迫——参加黄色工会。不过，他尤其不谈"革命"。因为那种伦理绝不会教导人们：内战才是唯一正当的战争。遵循福音行事的和平主义者会拒绝拿起武器，或者把它扔掉。在德国，有人就曾建议把这种做法作为结束战争而且就此结束一切战争的伦理义务。政治家会说：要让战争在不长的时间内名誉扫地，唯一可靠的手段是缔结现状和约。这样一来，人民就会问：为什么要打仗？战争早该见鬼去，今天却做不到，因为对于胜者——至少他们中的一部分人——战争有利可图。要对此负责的是那种不让我们进行任何抵抗的态度。现在——衰竭期即将过去——**名誉扫地的是和平，而不是战争**：这是绝对伦理的后果。

最后，说实话的义务。对于绝对真理来说必须说实话，这是无条件的。于是得出了结论：把一切文件，特别是不利于本国的文件，公诸于世，在单方面公布的基础上认罪，单方面地、无条件地、不计后果地认罪。政治家则认为，这样做的结果非但不会彰显真相，反而由于滥用文件挑起激情使真相更加隐晦；只有通过裁判作出的全面的有计划的查证，才能带来结果，任何别的做法都会对照此办理的民族造成几十年内无法挽回的后果。但是绝对伦理恰恰**不问**"后果"。

这就是问题的症结。我们必须明白，一切伦理性的行动都可以归于**两种**根本不同的、不可调和的对峙的原则：信念伦理和责任伦理。这不是说，信念伦理就是不负责任，责任伦理就是没有信念。

---

① 语出列夫·托尔斯泰《神国在你们心里》第八章标题"我们这个世界的人不可避免要接受基督教义：勿用暴力抵抗恶行"。

当然不能这么说。不过，究竟是按信念伦理准则行事——用宗教语言来说，就是"基督徒做对了，成绩归功于上帝"——**还是**按责任伦理原则行事，就是说，当事人对其行动的（近期）**后果**负责，两者有着天壤之别。您也可以对一个笃信信念伦理的工团主义者提出一套令人心服口服的意见，他的行为的后果会增加反革命的机会，加强对他本阶级的镇压、阻碍这个阶级上升，这不会给他留下任何印象。如果源于纯洁的信念的行动造成了恶果，那么在他看来，责任不在行动者，而在这个世界，在于别人的愚昧，或者在于创造了这帮愚人的上帝的意志。责任伦理家则相反，考虑到人们的一般缺陷，正如费希特所说，他根本无权假定人们的善良和完美；他不认为可以把自己行动的后果——只要是可以预见的——转到他人身上。他会说：这些后果归于我的行动。信念伦理家感到应该负的责任是让纯洁信念之火——例如抗议社会制度的不平等之火——燃烧不熄。从可能产生的后果来评价，他的行动全无理性，只能有也只会有楷模价值。这种行动的目的乃是不断地重新点燃心中之火。

不过，问题到此尚未结束。世上没有一种伦理回避这样一个事实：在许多情形下，"善"的目的与人们对道德上可疑的、至少是危险的手段以及产生恶的副作用的可能性或几率的容忍分不开。世上没有一种伦理能够表明：什么时候在什么范围内伦理上善的目的把伦理上危险的手段和副作用神圣化了。

对于政治来说，决定性的手段是暴力。从伦理的角度来看，手段与目的之间的对立程度有多大，诸位可以从下面这个众所周知的事实中略见一斑：革命的社会主义者（齐默尔瓦尔德派）^①早在战争

---

① 1915 年 9 月，第二国际在瑞士齐默尔瓦尔德召开欧洲社会主义政党代表会议，讨论对付已经爆发的世界大战的策略。多数代表主张不惜任何代价，立即结束战争，以列宁为首的少数派则主张利用战争机会发动国内革命。

期间 ① 就以坚持这样一个简洁的原则而著称:"如果要我们选择,或是先打几年仗再革命,或是现在就停战而不要革命,那我们选择:再打几年仗!"如果追问:"这场革命能带来什么?"每一个受过科学教育的社会主义者都会回答:谈不上向一种可以称为他心目中的社会主义的经济体制过渡,而恰恰是一种摆脱了封建因素和王朝遗孽的资本主义经济重新抬头。为了这样不足道的成绩而宁愿"再打几年仗"!人们或许要说:即使有非常坚定的社会主义信念,也会抛弃那种要求这样的手段的目的。布尔什维克、斯巴达克团,一言以蔽之:任何形式的社会主义都如此。从这个角度看,如果因为旧政体的"暴力政治家"们运用了同样的手段就从道义上唾弃他们——不论对他们的**目标**的否定是多么有理——都可笑至极。

在用目的将手段神圣化这个问题上,看来连信念伦理也注定要失败。事实上它只有一种逻辑可能,那就是**摈弃任何**使用道德上危险手段的**行动**。这是从逻辑上说。在现实世界中我们不止一次发现,信念伦理家摇身一变,成了千禧年主义 ② 的先知,刚才还侈谈"以爱报暴"的人,转眼之间大声疾呼使用暴力——**最后的暴力**,它会带来消除一切暴力的局面——完全像我们的军官在每一次攻势之前对士兵们说的:这是最后一次,它将带来胜利与和平。信念伦理家受不了世界上伦理的非理性。他们是宇宙伦理的"理性主义者"。哪位读过陀思妥耶夫斯基的作品,当会记得对这个问题作过精辟剖析的大审讯那一幕 ③。不可能使信念伦理与责任伦理协调一致,或者发一纸伦理告示:何种目的应使何种手段神圣化,即便我们向这个原则让步,也绝对办不到。

---

① 1914—1918 年。——编者

② 基督教神学末世论的一种学说,认为在世界末日到来之前,基督将直接为王统治 1000 年,圣徒们都将复活;随后是世界末日,恶人复活,接受审判。

③ 《卡拉马佐夫兄弟》第 5 卷第 5 章。

我的同行 F.W. 弗尔斯特①先生信念的纯洁性不容置疑，对他的人格我十分敬重，但他作为一个政治家，我却不敢恭维。在他的书里，他为了绕开这种困难，提出了一个简单的命题：善有善报，恶有恶报。这样一来，全部难题就不存在了。但是，在《奥义书》②问世 2500 年以后居然能提出这样的命题，实在令人惊讶。不仅世界历史的全部过程，而且日常生活中的任何没有保留的试验都说明：恰恰相反！反面才是真的，这是世上任何宗教发展的基础。神义论③的古老的难题正是这样一个问题：何以解释，一种被说成万能而又慈悲的力量却会造就这样一个充满无辜的苦难、不受惩罚的不义和无法补救的愚昧的非理性的世界？要么是这种力量不是万能的或不是慈悲的；要么就是完全不同的补偿与报应原则支配着人生，这些原则我们只能形而上学地解释，或者永远无法解释。这种世界非理性的经验正是任何宗教发展的推动力。印度的羯磨论④和波斯的二元论、原罪说、宿命论以及隐藏的神都是从这种经验发展而来的。就连古代的基督徒也清楚地知道：这个世界是由魔鬼们统治的，参与政治（就是以权力和暴力为手段）的人同恶势力达成了一项协议，所谓善有善报，恶有恶报，对这种人的行动来说，不是真的，而是恰恰相反。谁要是看不到这一点，他实际上是一个政治上的稚童。

宗教伦理以不同的方式接受了这样一个事实：我们处在各自遵循不同规律的不同的生活秩序之中。希腊的多神论既供奉阿芙洛狄

---

① 见本书"2008 年再版译序"第 18 页注释②。

② 参见本书第 27 页注释⑤。

③ 亦译"上帝正义论"、"辩神论"，为神辩护，以神为正义，设法调解正义至善的神与人世的邪恶和灾难的矛盾。

④ 羯磨，梵文 Karma 的音译，亦译为"业"，佛教名词，指僧侣个人或僧团的各种身心活动。羯磨论认为，这种身心活动会导致各种相应的善恶报应。

蒂①，也供奉赫拉②，既供奉狄奥尼索斯③，也供奉阿波罗④，也知道他
们之间有不少争执。印度教的生活秩序把各种不同的职业作为各种
不同的规则、法的对象，并按照种姓方式使它们永远彼此分开，按
严格的等级次序排列，使生在某个等级中的人无法脱离这个等级，
除非来世重生，并由此为他们在至高无上的宗教得救方面，安排了
巨大的差距。这样，这种生活秩序就有可能按照职业内在的固有规
律相应地建立起从僧侣、婆罗门到小偷、妓女的各个种姓的法，也
有战争和政治的法。战争在整个生活秩序中的地位，诸位可以从薄
伽梵歌中，从黑天与阿周那的对话⑤中找到。"做你必须做的"，就
是说，做武士阶层的法及其规则所要求的、为了达到战争的目的非
做不可的"事情"：这不会妨碍这种信仰的宗教得救，反而有助于
此。印度武士自古以来就坚信，他们战死后能进陀罗⑥的天堂，就
像日耳曼人坚信能进瓦拉殿⑦，前者也会像后者鄙弃回荡着天使歌
声的基督教天堂一样瞧不起涅槃⑧。伦理的这种专业化使印度伦理
能够完全不受干扰地仅仅遵循政治的固有规律，不顾一切地来强化
这门王室艺术。从不顾一切这个词的通俗意义上说，真正不顾一切
的"马基雅维利主义"⑨在印度文献中的典型代表是乔提利亚的《利

---

①　爱与美的女神。

②　宙斯之妻，生性嫉妒，被奉为婚姻家庭女神。

③　酒神、丰收神。

④　太阳神，主掌光明、青春、医药、音乐、诗歌。

⑤　薄伽梵歌，Bhagavatgita 的音译，意译"世尊歌"，印度教经典之一。叙述印度教大神
毗湿奴的第 8 化身黑天对武士阿周那王子的说教，中心思想是：忠于神而不考虑个人得失。

⑥　婆罗门教与印度教的战神。

⑦　北欧神话中战士的守护神欧丁的殿堂，据说战士死后灵魂到这里安息。

⑧　梵文 Nirvna 的音译，意译"圆寂"，佛教的最高理想，原指熄灭生死轮回而后获得
的一种精神境界，后亦作死亡的代名词。

⑨　这是一个带引号的名词，是反对意大利人的法国人制造出来的一个贬义词，泛指政
治上尔虞我诈、背信弃义、口是心非、凶残、邪恶。同马基雅维利的学说不是一回事。

论》①（成书在公元前很久，据说在旃陀罗笈多时期）；与此相比，马基雅维利的《君主论》②实在是无害的。在弗尔斯特教授接近的天主教伦理中，众所周知，福音劝告是具有道骨仙风的卡里斯马式天才们的特殊伦理。修道士不能流血和逐利，而虔敬的骑士和市民则一个可以流血，一个可以逐利。这种伦理虽然主张伦理分层并有机地插入了救世说，但是不如印度彻底，这无疑是基督教的信仰前提造成的。原罪对世界的败坏，使得把作为匡正罪恶和危害灵魂的异端的手段的暴力插进伦理相对容易了。登山宝训所提出的纯粹信念伦理的出世要求以及以此为根据的作为绝对要求的宗教的自然法却保持了它们革命化的暴力，几乎在任何社会动荡时期都带着异常强大的压力出现。它们尤其造就了激进的和平主义教派。在宾夕法尼亚有这样一个教派进行了一次试验，打算建立一个没有物质暴力的国家——但却是一场悲剧，当独立战争爆发时，贵格派③却不能拿起武器来参加这场代表着他们理想的战争。一般的新教则与此相反，为国家辩护，说这种暴力手段，尤其是合法的专政国家，是神的恩赐。路德把对战争的责任从个人肩上卸下，转给了政府，除开信仰，个人在任何事情上服从政府都不会有罪。加尔文教派④也原则上认识到了暴力是捍卫信仰的手段，认识到了，在伊斯兰教中一开始就是生活要素的宗教战争。显而易见，提出政治伦理问题的绝

---

① 旃陀罗笈多月护王的大臣乔提利亚在公元前321—前269年间写的一部讨论政治、外交和经世之学的书。

② 马基雅维利的代表作，也是近代政治学的奠基作。作者通过对历史上和当代君主政绩的得失分析，提出了治理好国家的条件：精良而可靠的军队、完备的法律和领导者的德性。但他提出，对于权力来说，道德并不总合乎理性，所以主张"以目的说明手段正当"。

③ 基督教新教教派之一，形成于17世纪中叶，主张信徒直接领受圣灵的教诲，反对一切宗教仪式，提倡和平主义，反对暴力、战争。

④ 16世纪宗教改革时期基督教新教三大主流派之一，以法国人加尔文（1509—1564）的宗教思想为依据，教义上强调"因信称义"、强调圣经权威至上，相信极端的预定说。

不是从文艺复兴的英雄崇拜中诞生的近代无信仰心态。一切宗教都曾绞尽脑汁考虑这个问题，结果各不相同——从上面说的看，也确实只能如此。人类团体掌握的**合法暴力**的专门手段决定了一切政治伦理问题的特殊性。

任何人不管为了何种目的同意采用这种手段——每个政治家都行此道——都必须听任它的特殊后果的摆布。那些信仰斗士，不论宗教的还是革命的，尤其如此。让我们鼓起勇气以今天为例吧！谁要想用暴力建立起人世的绝对正义，他为此必然需要追随者：人事"机构"。对这个机构，他得许愿：精神的和物质的奖赏，天上的或人间的报偿，否则人家不会干。精神的报偿指：在现代阶级斗争条件下报仇雪恨，主要是嫉妒心和伪道德的优越感得到满足，就是说达到了诽谤中伤敌人的目的。物质的报偿指：冒险、胜利、战利品、权力和俸禄。领袖的成功完全依靠他这个机构的运转。这样一来，他所依靠的是**这个机构**的动机，而不是他本人的动机。就是说，他的成功取决于，他是否能**不断地**给他的追随者，也就是他所需要的赤卫队、秘密警察、鼓动家等还愿。他在这种事业条件下所能达到的，并不取决于他自己，而是追随者行动的动机，而这些动机从伦理角度看大都俗不可耐。只要追随者中起码有一部分人真心实意信仰他的人格和事业，他就能控制全局，事实上世间恐怕永远不会有多数真心实意的追随者。这种信仰，不管主观上如何真诚，实际上在多数情况下不过是报复欲、权利欲、掠夺欲和俸禄欲在伦理上的"合法化"。在这一点上，我们不要自欺，因为唯物主义的历史解释同样不是一部随意上下的出租马车，不会遇到革命骨干就停车。重要的是，激动人心的革命过后是传统主义的**平淡岁月**，信仰英雄，尤其是信仰本身都消逝了，或者更实用点，变成了政治庸人与技人的传统空话的组成部分。这种发展恰恰在信仰斗争中完成得特别快，因为这种斗争往往是由真正的**领袖**——革命先知们来领导和启灵的。正如在任何领袖型机构中一样，在这里，空洞化与具体化、为了"纪律"而使思想无产阶级化也是成功的条件之一。信仰斗士的追随者变成了统治者，他们通常非常容易蜕变成十足的俸禄阶层。

谁要想从事政治，特别是从事职业政治，他就必须意识到那些伦理上的悖谬，意识到他对**自己**在这种悖谬的压力下发生的变化所要负的责任。他在——让我再说一遍——与魔鬼的势力**为伍**，因为这种势力潜伏在任何暴力中，在出世的博爱和慈悲方面炉火纯青的大家，不论他们来自拿撒勒、阿西西，还是印度的王宫，[①] 都不曾利用政治手段——暴力，来布道。他们的王国"不属于这个世界"[②]，但他们过去和现在都在这个世界工作。普拉通·卡拉塔耶夫[③] 和陀思妥耶夫斯基笔下圣人式的人物，一直是他们最合适的造型。谁要探索如何使自己的灵魂解脱、他人的灵魂得救，他不会在政治这条道上探索，因为政治有全然不同的任务：只能用暴力来解决的任务。政治的守护神或者魔鬼，与仁爱之神以及教会塑造出来的基督教的上帝生活在一种精神的紧张关系中，这种紧张关系随时都可能爆炸，变成无法克服的冲突。即使在教会统治时期，人们也知道这个。当时，教会的禁令对于人及其灵魂得救来说，是一种巨大的力量，远远超过了康德式伦理判断的（用费希特的话来说）"冷冰冰的要求"，但是当这种禁令一而再、再而三地降到佛罗伦萨时，市民们仍然与教皇国搏斗。关于这种情景，马基雅维利曾在他的（如果我没有记错的话）《佛罗伦萨史》中有一段漂亮的文字，借他的一位英雄之口赞扬了这些把家乡的伟大看作高于自己灵魂得救

---

① 分别指耶稣、圣方济各和释迦牟尼。

② 《新约全书·约翰福音》第18章。

③ 托尔斯泰《战争与和平》中的人物，俄国农民的典型，彻底的不抵抗主义者。

的市民。

家乡或"祖国"今天并非在每个人心目中都有明确的价值。如果诸位用"社会主义的未来"或者"国际和平"来代替家乡或祖国，那你就知道问题所在正如今天了。因为这一切都要通过政治行动，即以暴力为手段，按责任伦理来行事，才能实现，所以它们必然危及灵魂的得救。但是，如果用信仰斗争中的信念伦理来追求这种目标，那么目标就会受到损失，在后代人心目中丧失信誉，因为没有要对后果负的责任。行动者没有意识到插进手来的魔鬼的力量。这些力量是强横的，为他的行动和灵魂造成后果，如果他看不到这些，便会束手就擒。"魔鬼，它老了。"这句诗的意思不是说的年龄："要认识它，你们得变老。"① 我从来不喜欢在辩论中输给出生证明上的日期；但是，一个人 20 岁，而我 50 多岁，这样一个单纯的事实也不会使我认为，这会是一件足以使我诚惶诚恐的成就。重要的不在于年龄。重要的是正视生活现实的义无反顾精神和承受现实并在精神上胜过现实的能力。

不错，政治要靠头脑来进行，但肯定不只靠头脑。在这一点上，信念伦理家完全正确。究竟应该作为信念伦理家，还是作为责任伦理家来行动，什么时候应当采用这种伦理，什么时候应当采用另一种，在这方面谁也不能给谁开方子。不过，有一点是可以说的：在现在这样一种，如诸位所见，并非"华而不实"的冲动——冲动毕竟而且根本不总是真正的热情——的年代里，信念伦理家一下子泛滥成灾，他们念念有词："愚昧而卑俗的是世界，不是我，该对后果负责的不是我而是别人，是那些我为之服务并将清除其愚昧和卑俗的人。"在这种时刻，我坦率地说：我想先知道，支持这种信念伦理的是哪种**精神重量级**？我的印象是，我碰到的十中有九

---

① 歌德《浮士德》第二部第 2 幕第 1 场。

都是银样蜡枪头，他们没有该做什么的现实感，而是陶醉在浪漫主义的轰动之中。通情达理地说，我对这些东西没有兴趣，也丝毫不为之所动。真正令人无限感动的是，一个现实地、真诚地感到对后果的责任、按照责任伦理行事的**成熟**的人——不论年纪大小——在任何关头都说："我再无旁顾，这就是我的立场。"[①]这才是真正的人性，使人为之动容。我们中间的**任何人**，只要他的心没有死去，都**可能**碰到这种情况。在这个意义上，信念伦理与责任伦理并不是绝对对立的，而是相辅相成的，它们合起来才能造就真正的人，即**能够**"接受召唤去从事政治"的人。

那么，尊敬的各位，让我们 10 年之后再一次来讨论这个问题吧！遗憾的是，我不能不担心，如果那时，由于一系列的原因，反动时期早已降临，诸位中许多人，坦率地说，包括我自己，所祈望、憧憬的东西只有很少一点能得以实现，大概不至于一点都没有，但起码从外表上看是太少了，这是非常可能的，我倒不至于万念俱灰，可是知道这种可能性，的确也是一种精神负担。那时我很想见到诸位当中那些现在就以真正的"信念伦理家"自居、醉心于这场革命的人有什么内在的"变化"。假如事情竟如莎士比亚的第 102 首十四行诗所言，那就太美了：

> 那时正是阳春，我们的爱情嫩绿，
> 我日日引吭，讴歌这柔情蜜意，
> 夜莺在夏日的花丛中也是这样婉转恰啼——
> 到了成熟的日子，就悄然无息。

---

① 这是马丁·路德 1521 年 4 月 18 日在沃尔姆斯城答辩时作为结尾的名言。韦伯引用时颠倒了顺序，原文是："这就是我的立场，我再无旁顾，上帝帮助我。"

可事情并非如此。不管表面上哪一派获胜，我们眼前都不是夏日的花丛，而首先是一片冰封、暗无天日的极夜。因为如果那里一无所有，那就不仅那里的皇帝，就连无产者也丧失了权利。长夜漫漫，待到天渐亮时，那些今天似乎拥有明媚春光的人，活下来的尚能有几？诸位的精神将发生何种变化？愤世嫉俗还是俗不可耐？麻木地接受人生和职业，还是神秘主义地遁世？遁世可不是稀罕事，有的人确实有这种本事，更多的人倒是为了追时髦，这就讨厌了。无论哪一种情况，我的结论都是：这些人不能胜任自己做的事情，不能正视真正的世界和日常生活。客观地、实事求是地说，他们的灵魂深处并没有接受政治的召唤，虽然他们自信有这么回事。他们本该朴实无华地悉心浇灌博爱之树，兢兢业业地做好日常工作。

政治意味着兼用热情和判断力坚毅地钻透硬木。如果没有反复地在人间追求不可能的东西，那么，可能的东西也实现不了，这是一句至理名言，全部历史的经验证明了它的正确。但是能这样做的人，只能是领袖，而且还只能是平常所说的英雄。那些二者皆非的人，也只能以铁石心肠准备面临一切希望的破灭。现在就得这样做，不然的话，他们连今天可能的事也做不到。一个人，当这个世界，从他的立场来看，对于他所要奉献给它的一切表现得愚不可及、俗不可耐时，并不万念俱灰，而能正视这一切，说一声："尽管如此，我还要做！"谁能肯定做到这些，那才是以政治为"业"。

附 录

作者年谱

1864 年 4 月 21 日　出生于埃尔富特。同名的父亲在市政府供职，国家自由党党员。母亲海伦娜是虔诚的新教教徒。

1869 年　韦伯的父亲当选为柏林市参议员，举家前往柏林。

1882 年　韦伯中学毕业，进海德堡大学攻读法律。

1883 年　在施特拉斯堡服兵役。

1884 年　转学到柏林。

1885 年　转学到哥廷根。

1886 年 6 月　通过见习律师考试。

1886 年 7 月　回到柏林攻读博士学位。

1889 年　以最优成绩获法学博士学位，论文题目：《源于意大利城市家庭与工业联合体的无限商业公司的连带责任原则及专有财产的发展》。

1890 年　出席首届新教社会大会，加入《新教世界》编辑部，为《商法》杂志写两篇书评。

1891 年　参与编辑《新教社会时代问题》。

1891 年 5 月　完成教授论文，论文题目《罗马农业史对公法和私法的意义》。

1892 年　完成长篇调查报告《易北河以东德国农业工人的状

况》。

1893 年　与玛利亚娜·施尼特格结婚，担任短期律师。

1893 年　被任命为柏林大学国民经济学编外教授。

1894 年 6 月　被任命为弗赖堡大学国民经济学正教授。

1895 年　做就职演说。

1897 年　被任命为海德堡大学国民经济学正教授。

1903 年　因长期患病辞职。

1904 年　加入《社会科学与社会政策》杂志编委会，发表《社会科学与社会政策认识的"客观性"》，访问美国。

1905 年　发表《新教伦理与资本主义精神》。

1906 年　发表两篇分析俄国革命的文章，分析沙皇政权与柏林的个人政权。

1907 年　韦伯家开办星期天沙龙。

1908 年　著文倡导议会民主，批评德国大学拒绝授予社会民主党人授课资格。

1909 年　参与创建德国社会学会，接手《社会经济学大纲》的组织与编辑工作。

1910 年　参与创建德国社会学会，参加社会政治协会关于地方企业以及国民经济生产率的辩论。

1911 年　在德国社会学会会刊上发表一系列文章。

1912 年　在德国社会学大会上提出"价值无涉"概念。

1913 年　开始写作《经济与社会》。

1914 年　从军，在海德堡野战医院任纪律检察官。

1915 年　医院解散，被遣返，开始参与日常政治活动。

1916 年　发表《世界宗教的经济伦理》：《导论》、《第一章儒教与道教》、《过渡研究》、《第二章印度教与佛教》。

1917 年 9 月　在劳恩施泰因文化大会做开幕报告"名人与生

活秩序"。

1917 年 11 月　在慕尼黑演讲"以学术为业"。

1918 年　参与创建德国民主党，担任该党竞选发言人，但未被提名参加竞选。

1918 年　夏季学期任维也纳大学社会学教授。

1919 年 1 月　在慕尼黑演讲"以政治为业"。

1919 年 4 月　被任命为慕尼黑大学国民经济学正教授。

1919 年 5 月　被任命为巴黎和会德国代表团顾问。

1919 年 6 月　迁居慕尼黑，正式上课。

1920 年　退出德国民主党。

1920 年 6 月 4 日　在慕尼黑死于流感引起的肺炎。

韦伯小传

1918 年，刚刚逃离人祸的欧洲人，又摊上了天灾：一场史无前例的流行性感冒席卷了大陆。死于这场瘟疫的人数，超过了前 4 年战争中死亡人数的总和。我们不幸的作者赶上了瘟疫的余威，1920 年夏初，韦伯病倒了，持续高烧不退，一周后，转为肺炎，医生束手无策，如同今天面对一位癌症晚期病人。6 月 14 日，星期一，黄昏，经过痛苦的挣扎，韦伯溘然长逝了。那间房子在慕尼黑英国公园旁边的湖街 3 号，今天改成了 16 号。他去时，外面下着雷雨，道道闪电划破昏暗，照亮了他的归程。亲人把他送回海德堡，让他安息在心爱的山水之间。

慕尼黑大学的学生们永远失去了一位睿智的良师。他原来答应下学期为他们开社会主义课，可是却匆匆去了……他的音容笑貌犹在，几个月前，他还应学生会邀请，做了两次演讲："以学术为业"和"以政治为业"。他的演讲和他的课的震撼力，像他本人一样深沉，而他却看不到了。约翰内斯·温克尔曼自从听了韦伯的演讲，就迷上了他的思想，用了 60 多年的时间研究、整理、阐释、出版韦伯的著作。温克尔曼以 85 岁高龄辞世时，终于可以带着韦伯全集出版委员会成立的佳音去告慰 67 年前的演讲导师了。后来成了德意志联邦共和国第一任总统的特奥尔多·豪斯回忆导师的演讲时说："他的演讲，严肃中带有威慑，对虚伪的强大和赤裸裸的装腔作势进行了无情的挖苦，并从教育上简化了难题，因而确有震撼力。"① 后来成为法兰克福学派之父的霍克海默站在新马克思主义的立场评价了当年听到的韦伯的课：

> 1919年，我作为一名大学生在慕尼黑听到了韦伯讲的价值无涉。像我的许多同学一样，我对了解俄国革命兴趣极深……而马克斯·韦伯在他讲课时谈了苏维埃制度。大厅爆满，可是韦伯显然使人失望了。他没有谈及的是：不仅在提出任务时，而且应当在每一具体步骤中，由理性地塑造未来的思想来指导反映与分析，我们在两三个钟头里听到的是对俄国体制的缜密的字斟句酌的解说，对使苏维埃制度尽可能确定下来的洞若观火的理念型的归纳。一切是这样入微入细，这样科学，这样价值无涉，结果，我们只好伤心地回家去……当我们如此失望地离开大厅时，我们想，马克斯·韦伯保守至极。可这结论下得太急了。不多久，韦伯在讲课时与……旧意识的保守学生、与学生会发生了冲突。我不在场，但认为，他的阐述就像他自己感觉到的那样，不总是那么价值无涉。②

当年韦伯的学生中，后来成为学界、政界栋梁之材的，不乏其人，带领他们攀登的导师却在正当年时倒下了。56 岁，无论对于政治家，还是对于学者，都是弥足珍贵的年龄。凭着这个年龄，人们不仅可以收获半个世纪的耕耘，而且可以信心百倍地去攀登险峰、破出新境。当年，韦伯在《社会科学与社会政策的客观性》结尾，引用过《浮士德》中的一节诗，表示自己的心境：

> ……新的动力已醒，

---

① 菲根：《马克斯·韦伯》，王容芬译，生活·读书·新知三联书店 1988 年版，第 165 页。

② 菲根：《马克斯·韦伯》，王容芬译，生活·读书·新知三联书店 1988 年版，第 168—169 页。

> 我继续急行，去痛饮它那永恒的光明，
>
> 面对白昼，背负黑夜，
>
> 头顶蓝天，脚踩浪峰。[①]

天假以年，韦伯的贡献将是不可估量的，单从他身后声名累增这一事实，就足以看出其潜力之大了。他留下的遗憾太多了：《世界宗教的经济伦理》中，只有《儒教与道教》定了稿，但韦伯又惴惴不安地说："遗憾的是，身边没有一位汉学专家来检验我的工作。因此我顾虑重重，怀着极大的保留将这一部分也一并付印。"《印度教与佛教》未及审订。《古犹太教》还没写完，原来还打算进一步分析《旧约》中的诗篇并阐释犹太法的犹太教。《伊斯兰教》和《早期基督教》尚未动笔。《经济与社会》也只是个成功的半成品，韦伯1913年曾致函出版社：

> 我提出了一套完整的理论并进行了描述，这套理论把伟大的共同体形式同经济联系了起来：从家庭、一幢住宅楼的全体居民到企业、宗族、民族共同体、宗教（包括地球上各大宗教：救世学说与宗教伦理社会学……），最后，是一种全面的社会学的国家与统治学说。我可以说：还没有过这样的理论，也没有"榜样"可寻……[②]

可是，他未及做完。他把人们领进了一片原始森林，却突然消失了。即使是满目荆棘，也远远胜过一具玲珑剔透的盆景、一座尽善尽美的花园。

再回过头来，看看韦伯这短促的一生是怎样走过来的吧！

---

① 马克斯·韦伯：《科学理论论文集》，蒂宾根：J.C.B. 莫尔出版社 1985 年德文版，第 214 页。

② 菲根：《马克斯·韦伯》，王容芬译，生活·读书·新知三联书店 1988 年版，第 114 页。

马克斯·韦伯 1864 年 4 月 21 日生于德国图灵根的埃尔富特市，他是老大，下面还有 7 个弟妹。大弟弟阿尔弗雷德·韦伯后来成了一名杰出的经济学家，韦伯的父亲是一位受过典型的德国大学教育的政治家，主办过《普鲁士周报》，当过柏林中央选举委员会主任、柏林市议员、普鲁士议院议员、帝国国会议员。在政治上，他属于民族自由党左翼，信仰新教，但是个享乐主义者。母亲是一位虔诚的新教徒，她把宗教不仅作为信仰，而且作为事业，晚年在夏洛特堡济贫处工作。

父亲在家里开了一个沙龙，常客中有史学家 H.V. 特赖奇克、H.V. 聚贝尔、Th. 蒙森，政论家 F. 卡晋，文学史家 J. 施密特，议员老 H. 李凯尔特，民族自由党的领袖 R.V. 贝尼希森，财政部长霍普雷希特，还有法学家 L. 戈尔德施密特——有人称他是全世界最大的商法权威，韦伯后来当了他的博士生。他们都是那个时代的学术和政治精英，在韦伯眼里，是满天星斗中最亮的几颗。他很喜欢听这些大星星纵论天下大事，以至孩提时代的信中，就已经充满了政治术语。家里的精神激励他上进，他存贮的知识远远超出了学校的要求，还能作为礼物送给别人，例如从历史图片、辞书、史书、旧家谱中搜集资料，然后写成文章或制成卡片作为圣诞礼物。

在信仰方面，他从小就接受了母亲润物细无声的教育，认为：

> 一个能够老老实实地说出他根本没有彼岸的信念和希望的人，只能是一个彻头彻尾的不幸的被造物。因为，对于生活不寄任何神圣的希望，不相信每一步都接近了彻底的解脱、最终结束存在的解脱，这在实际上只能是一种可怕的感觉，会使人失去任何生活希望。①

---

① 玛利亚娜·韦伯：《马克斯·韦伯传》，蒂宾根：J.C.B. 莫尔出版社 1984 年版，第 62 页。

他踏上人生道路时得到的箴言是：**"主就是那灵，主的灵在哪里，哪里就有自由。"**①

韦伯自己写过一份简历，提到了他的学校生活：

> ……1882 年复活节被保送入高学校，先后上过海德堡大学、斯特拉斯堡大学、柏林大学、格廷根大学……②

在海德堡，他以父亲为榜样，选择了法学为专业课，同时修国民经济学、史学、哲学和神学。离开了母亲的监护，迈入一个新的环境，他真有些眼花缭乱了。在父亲的鼓动下，他参加了当年父亲参加过的学生社团——决斗会。他酗酒无度，喝名酒上了瘾，啤酒当然更离不开。他每天早上都要到决斗场上去"锻炼意瘾"，给父亲的信也充满了时髦的粗话。父亲对此很欣赏，认为男子汉就应当这样。啤酒使韦伯发了福，剑伤让他破了相。暑假回家时，虔诚的母亲被儿子这副酷似其父的尊容吓呆了，不由自主地给了他一记耳光。30 年后，韦伯指出，他脸上的标记是这个时期的产物，他不无感慨地说："我从自己身上知道了，要把这些在不成熟的大学岁月中不自觉地练就的姿势从肢体上清除掉，是多么困难。我想说，喝酒也一样……"③。

1883 年，他到斯特拉斯堡服兵役，同时在斯特拉斯堡大学听课。住在这里的姨父和姨妈成了他的第二父母，对他后来的生活起了极其重要的影响。姨父赫尔曼·鲍姆加滕是一位举足轻重的史学家，斯特拉斯堡大学的教授。他继承了德国 1848 年的革命精神，

---

① 《新约全书·哥林多后书》第 2 章。

② 雷内·柯尼希、约翰内斯·温克尔曼主编：《马克斯·韦伯纪念文集·作品与人物评价资料汇编》（《科隆社会学与心理学杂志》7 号专刊，西德意志出版社 1963 年版），第 12 页。

③ 马克斯·韦伯：《青年书信》，蒂宾根：J.C.B. 莫尔出版社 1936 年版，第 132 页。

对俾斯麦不抱任何幻想，同时尖锐地批判了当时政治上和组织上的自由主义，这同韦伯父亲的保守立场是对立的。姨父很快成了韦伯的良师益友，成为对他一生影响最大的人。姨妈同母亲一样，也是笃诚的新教徒，这种信仰是从她们的母亲那里继承来的。姨妈同韦伯的父亲在生活方式上水火不相容，对妹夫那种游戏人间的态度嗤之以鼻。她对妹妹和外甥很有影响。韦伯逐渐看出，原先奉为楷模的父亲，不仅政治上保守，而且生活上也是个不堪为人师表的享乐之徒。父子冲突后来发展到不可收拾的地步，截然分手，不久，老韦伯便抑郁死去。

1884 年，韦伯回柏林继续上大学，主修法学，并听蒙森和特赖奇克的历史课。由于受鲍家姨父的影响，他反对特赖奇克那种过激的爱国主义，认为他是典型的教授煽动家。这期间，他常给姨父写信，谈他的政治见解。他在同代人中看到了大有希望的一代在成长：

> 他们中间无有不少妄自尊大之徒……许多人受特赖奇克的影响，陷入魔幻般的民族狂热之中，还有一些人……接受了最新学派的假现实主义……但是，他们中间也有一些人，抛弃了反犹主义及其近年来的变种，立足点完全不同于70年代的民族自由主义。我越来越相信，他们是自知自强之士，因而也是未来的主宰……①

下一学年，他到格廷根继续修法学，目的是在那里参加法学课的全国统考。毕业后他又回到了柏林大学，当上了戈尔德施密特的博士生。在准备论文期间，他到波兹南参加了国家规定的军事训练，借此机会，跟着诺劳县长考察了东部边境地区。在他眼里，德意志—斯拉夫边界成了一条文化和民族的边界，在这条边界上孕育

---

① 马克斯·韦伯：《年青书信》，蒂宾根：J.C.B. 莫尔出版社 1936 年版，第 298 页。

着外来影响过多的危险，二次大战以后的政治现实竟让这位未出茅庐的博士生不幸而言中了。1889 年，他完成了博士论文，题目是《源于意大利城市的家庭工业联合体的无限商业公司的连带责任原则及专有财产的发展》。这篇论文资料翔实，作者查阅了几百份意大利文和西班牙文的原始资料，立论严谨，导师给的成绩是**"优"**。

获得博士学位以后，他接着准备教授论文，这期间他在柏林当律师，参加了"新教与社会大会"，结识了格勒和瑙曼，成为莫逆之交。1892 年，他完成了教授论文《罗马农业史对公法和私法的意义》，开始为患病的戈尔德施密特在柏林大学代课，讲授商业史和罗马法律史，次年被聘为柏林大学商法教授，同时被推荐为弗顿堡大学国民经济学教授，时年 29 岁。这一年，他和倾心于他的玛利亚娜结了婚。这位朴实无华的妻子在韦伯的一生中给了他巨大的帮助，尤其在他最困难的时候。

早在准备博士论文期间，他就加入了"社会政策协会"，现在受协会委托，进行大规模的"农业工人调查"。他设计了问卷，发放了 3180 份，在此基础上深入分析了易北河以东农业工人的状况，特别是他们同地主的关系。指出农业工人问题的关键是：能否为他们腾出向上的空间，为他们提供独立生存的提高机会。否则，农业工人会大批外流。而代替德国工人的波兰流动工人更能适应这种生存条件，这支游动大军春天越过边界过来，冬天又搬走了。不仅农业工人，德国小农也清理了田地，转让给知足的波兰人。韦伯在这里提出了一个独特的见解：**不适者生存，或弱者生存。**当年的波兰流动工人是这样，今天西欧各国那些文化和技术水平都远比本国工人低的外籍工人也是这样。即使北京上海那些来自安徽最穷的县的保姆，似乎也用她们的生存证实了韦伯的命题。

1894 年，韦伯到弗赖堡大学就职。次年 5 月做了题为《民族国家与国民经济政策》的学术就职演说。他利用这个机会，向当时国民经济学里的各个学派发起了进攻，既反对施穆勒式的伦理与文化倾向的国民经济学，也反对天真的讲坛社会主义的幸福论，指责他们把事实描述与价值评估稀里糊涂地搅在一起。他明确地提出了自己在国民经济学方面的根本观点：

> 作为解释与分析科学的国民经济学说是**国际性的**，只要它作出**价值判断**，就会打上在我们自己的本质中能够找到的人性的烙印。如果我们自认为脱离了自己的体肤。这种烙印就更加明显。用一幅带点幻意的画面来描述：当几千年后我们从坟墓中走出来时，这些就会成为我们在未来人的面目中研究的我们的本质的遥远的痕迹……因此，德国的国民经济政策和德国国民经济理论家的价值尺度一样，只能是德国的。[①]

他也开诚布公地亮出了自己的政治观点：

> 权力斗争说到底也是经济发展过程，是民族的权力利益，这种利益在引起争议时，是终极的决定性的利益……关于国民经济政策的科学是一门政治科学。它是民族的持久的权力政治利益之争……**民族国家是**……民族的世俗权力组织，而在这个民族国家中，对于我们来说，即使从国民经济的角度来看，终极价值尺度也是：**"国家至上原则"**。[②]

就职演说引起的震惊远远超出了学术界和演说人所处的时代。韦伯本人后来也发现，这次演说使人对他的观点之**粗野**大为震惊。

1896年，韦伯到海德堡大学接替了历史学派的领袖克尼斯的国民经济学教席。这一年夏天，同他在思想上和感情上矛盾都很深的父亲去世了。突然失去了生活中已经习惯了的对立面，韦伯的心

---

① 马克斯·韦伯：《政治论文集》，蒂宾根：J. C. B. 莫尔出版社1980年版，第13页。

② 马克斯·韦伯：《政治论文集》，蒂宾根：J. C. B. 莫尔出版社1980年版，第14页。

灵中出现了空白。秋天，他患了神经衰竭症，一天重似一天，拖了好几年。韦伯因不能工作而感到负疚，1903 年他 39 岁时，永远辞去了教授职务，其实这时健康已经有了转机。

在韦伯患病的六七年间，玛利亚娜履行了一个忠实的妻子的职责，一直陪伴着他到各地疗养，像照料小孩子一样看护着这位精神病患者。1903 年 9 月 3 日，是他们结婚 10 周年纪念日。这一天，韦伯夫妇适逢两地，因此有了下面动人的两地书：

丈夫："我们今天还像当年那样天真，只是一个人在另一个人的灵魂中发现了许多可靠的东西。我今天怀着感激回首那些艰难、紧张、不无精神危险的岁月……"[①]

妻子："回首 10 年，充满了爱，共同的上进和沉重的命运。如果我们不是在最近 5 年中如此相依为命的话，我们的共同生活大概不会变得如此深刻和富有，我经常想象，命运把我们抛到了一个荒岛上，一切有生命的世界的任何别的声音都淹没在命运那无休止的波涛中。友人和亲人又怎能帮助我们呢！我们只能自己承受它，自己战胜它。我想，正因为这样，我们才息息相关，永不可分，别无他择，大概只有少数夫妻能做到这一点。而这正是我平生的愿望之一，我**最大**的愿望——我当然从没有想过，要以你的病为代价来实现这个愿望，也没有这个必要。但是，爱给了我们力量，去正视这样的命运，我们没有在命运面前变得萎萎缩缩、怨天尤人。我希望，我们能够继续承受，怀着希望、期待和爱。"[②]

健康危机过去后，韦伯开始从事宗教社会学的研究，并和友人一起办《社会科学与社会政策文献》杂志。这期间，他去过美国，

---

① 玛利亚娜·韦伯：《马克斯·韦伯传》，蒂宾根：J. C. B. 莫尔出版社 1984 年版，第 280 页。

② 玛利亚娜·韦伯：《马克斯·韦伯传》，蒂宾根：J. C. B. 莫尔出版社 1984 年版，第 280—281 页。

收集了大量资料，在此基础上完成了《新教伦理与资本主义精神》和《新教教派与资本主义精神》。1905、1906 年，是他工作非常紧张的两年，除了两篇新教论文，他还写了《关于俄国 1905 年革命》的长篇论文。他欢迎这场革命，希望通过革命的途径实现思想自由化。他还领导了社会政策协会里少壮派对保守权威的斗争，在社会民主党的大会上批评该党的小资产阶级性质和错误的纲领，对高等学校的政策问题发表了许多建设性意见。

1908 年，韦伯着手写《经济与社会》。这一年，国际哲学家大会在海德堡举行。新组建的海德堡科学院决定授予韦伯"特别院士"资格。但他拒绝接受这一荣誉，理由是，这个机构把大批年轻有为但名气不大的学者拒之门外。他打算筹建一个独立的社会科学研究机构，既从事理论研究，也从事经验调查的学术组织。1909年 1 月，他在柏林和一批志同道合的学者创建了德国社会学会，并出任司库，会长是滕尼斯，副会长是齐美尔。学会一直存在至今，在德国科学史上发挥了积极作用，尤其难能可贵的是，在纳粹统治时期，学会没有接纳过一个纳粹党徒，没有出现一个希特勒的追随者。

1911 年，韦伯开始写《世界宗教的经济伦理》。这是一项大规模的东西方文化比较研究，从整体上看，是对以前的新教研究的补充和侧证。韦伯试图通过对各民族发展史的综合考察，说明近代资本主义为什么只出现于西方。于是，资本主义课题又被提高为理性主义课题，变成了东西方理性主义的比较研究。战争使这项研究一度中断，他以预备军官的身份入伍服役，担任野战医院的惩戒官。但他很快就辞职退役，继续进行世界宗教的经济伦理的研究。1916年发表了《导论》、《儒教 I—IV》、《过渡研究》、《印度教与佛教 I—III》。1917 年发表了《古犹太教 I》。

1917 年，韦伯发表了一篇重要的论文：《社会学与经济科学中

"价值无涉"的含义》。文章捍卫了他多年来一直坚持的几乎成为众矢之的的"价值无涉"原则。所谓"价值无涉"，就是研究人员在进行学术研究时不能带任何主观的价值观，不能混淆"是什么"和"应当是什么"，韦伯甚至反对大学教师在讲堂上向学生们提出政治要求。在德国，"价值无涉"论战持续了几十年，到了 1964 年纪念韦伯诞辰 100 周年的大会上，这个课题又被美国来的一对水火不相容的学者帕森斯和马尔库塞当成了论战课题。

韦伯反对在学术中渗进政治价值，但是他却以学者的身份积极干预了德国政治。他看到了威廉帝国政治上的无能以及同人民的深刻矛盾，主张把现政权作为人民的国家机器，主张修改宪法，实行议会制。他为《法兰克福报》写了几份宪法草案，因此被普鲁士政府斥为"大逆不道"。在对外政策上，他认为，德国的国际地位不能通过占领政策，只能通过睦邻政策来建立。他还在反战的《德尔布吕肯呈文》上签了名。在战争中，他是坚定的反战派。但是，在凡尔赛和谈中，他身为德国代表团的顾问，却极力维护德意志民族的利益和尊严。这种民族爱国精神也体现在本书第二篇演讲中。

韦伯夫妇都积极投入了争取 1919 年 1 月国民大会选举的斗争，韦伯被提名为法兰克福选区的社会民主党候选人。在人民代表的议案中提出了让他担任负责内政的国务秘书。但是，由于党内高级人士的破坏，韦伯什么也没当上，不过作为非官方人士参加了柏林市议会的 13 人宪法咨询团，**玛利亚娜·韦伯**当选为巴登州议会议员，并被任命为德国妇女联合会主席。

1919 年 6 月，他去慕尼黑大学接替了卢约·布伦坦诺的教授职务，讲授社会经济的一般范畴，下一学期，又改讲世界社会与经济史。在慕尼黑，他经历了巴伐利亚苏维埃共和国的终结。他谴责阿尔科案件，谴责谋杀 K.艾斯纳的凶手，因此招惹了右翼学生，他们竟然在他的课堂上示威。

1920 年 6 月，他匆匆离开了慕尼黑……留下了艰巨的未竟之业，留下了深深的遗恨。他的遗言是："我没有做的，会有人做。"

韦伯的著作，在他生前汇集成书的，只有一部刚刚付印的《宗教社会学论文集》第 1 卷，扉页上的献辞是："献给玛利亚娜·韦伯，1893 至白首。"

他的遗孀以坚韧的毅力和非凡的精力做他"没有做的"：他去世后第 2 年，《宗教社会学论文集》第 2、3 卷和《科学理论文集》出版；第 3 年，《社会经济学大纲第 3 部分》（即《经济与社会》）出版；第 5 年，《社会学与社会政治学论文集》和《经济与社会史文集》出版。7 年之后，1926 年，她为亡夫刻完了朴实无华的墓志铭长卷——700 多页的《马克斯·韦伯传》，该书至今仍是研究韦伯的权威资料。卷首，她用里尔克的诗表达了对亡夫事业的基本评价：

> 每当时代想最终总结自己的价值时，
> 这个人总会生还。
> 他举起时代的全部重任，
> 掷入自己的胸渊；
> 他的先辈有苦有甜，
> 他却只感到生命的负担——
> 包容万物，
> 万物如一在他心间。
> 唯有神在他的意志之上，
> 那么高，那么遥远；
> 他深深地爱着神，
> 却为这未竟之业含恨九泉。[1]

---

[1] 玛利亚娜·韦伯：《马克斯·韦伯传》，蒂宾根：J. C. B. 莫尔出版社 1984 年版，卷首题词。

联邦德国的韦伯复兴运动

1985年10月至1986年2月，我应联邦德国学术交流中心邀请，实地考察了联邦德国的韦伯复兴运动，其间，访问了《科隆社会学与社会心理学杂志》编辑部、巴伐利亚科学院、《韦伯全集》出版委员会及下设的著作编辑部和书信编辑部，参观了韦伯在海德堡和奥令豪森的故居，拜访了柯尼西、卢曼、傅海博、莱普西乌斯、施卢赫特、乔治·施密特、施寒微、哈贝马斯等教授。遗憾的是，在我到达慕尼黑前一个星期，久已仰慕的温克尔曼教授不幸去世了。我有幸在这位前辈的私人图书馆里工作，在先生的助手艾伊博士的帮助下搜集了许多珍贵史料。这次联邦德国之行，使我对那里的韦伯复兴运动的梗概略有了解，现在将这点粗浅的了解整理成文，仅供参考。

缘　起

在德国，围绕韦伯进行的深刻的辩论，对韦伯的诠释和理解，经过长时期的停滞，到第二次世界大战以后才开始，今天已经达到了白热化。[1]

——柯尼西

韦伯的学术生涯，主要在本世纪头20年。从那时到1933年，是德国社会学史上的黄金时代，达伦多夫高傲地称之为"英雄辈出

---

[1] 《马克斯·韦伯纪念文集》，奥普拉登：西德意志出版社1985年德文第2版，第3页。

的时代"①。纳粹浩劫时期，社会学被取缔，书被焚毁，人被放逐。德国的历史是连续的，社会学史却是断裂的。回首那个黄金时代，挖掘被埋没的精神财富，曾被战后几代学人引为己任，因为那个时代的社会学，不仅继承了德国古典哲学和马克思主义学说的光辉业绩，为战后重建本国的社会学起了承上启下的作用，而且因为它本身就包含着启迪后人的丰富思想。韦伯就是这样被发掘出来的，这个璀璨的出土文物，历久而弥珍。"回到韦伯去"，成了一面富有民族色彩的旗帜，成了德国社会学的新方向。它反映了德国社会学界对战后舶来的美国社会学和曾经风行一时的法兰克福学派的"批判的社会理论"的失望。

回到韦伯，是为了从韦伯出发。但是，早就从韦伯出发，并对德国社会学的这种新方向起了决定性影响的，却是美国人帕森斯。1927 年，青年帕森斯在海德堡完成了博士论文《桑巴特和韦伯近期著作中的资本主义》。1930 年，他译出了《新教伦理与资本主义精神》。1947 年，他又与亨德森合译了《经济与社会》前半卷第一部分。帕森斯不仅从韦伯的思想中汲取了构造社会行动理论所需的养分，而且还难能可贵地在远离韦伯故乡的美国替韦伯铸形塑模，为这位社会学大师日后重返祖国拓出了道路。另一方面，受纳粹迫害，流亡到美国的一些德国血统的社会学家，也致力于韦伯著作的翻译和诠释工作。本迪克斯写了《马克斯·韦伯：一幅智者肖像》，这本书使他获得了"经典韦学家"的雅号。格斯为英语界编译了《韦伯文集》，后来又译出了《儒教与道教》，不过书名改成了《中国的宗教》，德国人说译错了，美国人说是"创造性的误译"。帕森斯以及入了美国籍的本迪克斯等人，始终热衷于用韦伯来充实自己，他们是美国"韦伯热"的代表人物。但是，把韦伯的金身护送

① 转引自《社会学和现时代》，第 2 卷，中国人民大学出版社 1980 年版，第 321 页。

回国的，还是韦伯的同胞。

1963 年，担任国际社会主席的柯尼西接手了欧洲最大的社会学杂志《科隆社会学与社会心理学杂志》。他当年就与温克尔曼合编了一本近 500 页的专刊：《马克斯·韦伯纪念文集》。据柯尼西说，编一本纪念韦伯的集子，是他和几位学者 50 年代的夙愿。最早向他提出这个倡议的，是曾担任联邦德国第一任总统的豪斯。豪斯不仅是政治家，而且是学者，早在 1930 年，他就写了感人肺腑的《马克斯·韦伯十年祭》[①]，作为学生和朋友，豪斯一天也没有忘记韦伯。1954 年，他卸去总统职务以后，又开始不遗余力地收集有关韦伯的文献。

出韦伯纪念文集的另一位倡议者，是战争期间亡命美国的弗赖堡学派成员洪尼西斯海姆。1957 年，他在东兰辛的州立密执安大学执教，当时柯尼西在附近的安阿伯密执安大学。洪尼西斯海姆找到柯尼西，商议在家乡复兴韦伯的大业。1962 年，国际社会学年会在华盛顿举行，他们两位在那里相遇，约定要在 1964 年韦伯100 周年诞辰之前出版纪念文集。回家后洪教授立即动笔，写《马克斯·韦伯在海德堡》的回忆录。全文 12 万字，真实地描述了韦伯在海德堡的学术活动，其资料价值可以和韦伯夫人玛利亚娜·韦伯的《马克斯·韦伯传》并列。这部回忆录同时还提供了关于弗赖堡学派的重要资料。结尾时，洪教授引用了路德 1521 年 4 月18 日在沃尔姆斯城答辩时的结束语："这就是我的立场，我再无旁顾，上帝帮助我。"写完这句历史名言，教授便于翌日清晨溘然长逝了。柯尼西读到这部沉重的回忆录时，思绪万端。手稿中有一段话，竟长达 50 多页，足见亡友殚精竭虑。作为文集的主编，柯尼

---

① 《马克斯·韦伯纪念文集》，奥普拉登：西德意志出版社 1985 年德文第 2 版，第157 页。

西对这部生命的终曲做了一点必要的编辑加工，并在作者名字后面画上了一个深沉的十字架。他在文集序言中写道："保罗·洪尼西斯海姆从不食言，一诺千金。这次，他以命践约了。"

另一位倡议者是温克尔曼。柯尼西称他是"忘我的、不知疲倦的韦伯著作的出版人"，国际社会学界也称他为"韦伯复兴运动的文献奠基人"。温先生原是一个银行家，早在学生时期，他就被韦伯的两个演讲"以学术为业"和"以政治为业"迷住了。就业以后，一直业余学习、研究韦伯的著作。战后，在极其困难的条件下，他孤军奋战，致力于韦伯著作的诠释和出版工作。1951 年出了《科学理论文集》第 2 版、1956 年出了《经济与社会》第 4 版、1958 年出了附有豪斯作序的《政治论文集》第 2 版，这些版本的质量大大超过了韦伯夫人整理的初版。尤其难能可贵的是，温克尔曼还为韦伯艰涩难懂的著作出了学生版、袖珍普及版，通过他的注释使韦伯的思想变得通俗易懂。温克尔曼退休后，成了慕尼黑大学的名誉教授，不拿一文工资，做了大量工作：1959 年在一些热心于韦伯的学者的帮助下，建立了韦伯文库，后来又在这个基础上成立了韦伯研究所。他不但建所，还培育了在他身边工作过的几位助手，如斯普龙德尔、赛法特、乔治·施密特等人，如今都成了著名的韦学专家。温克尔曼不仅是韦伯纪念文集的倡议人，而且是主编之一。他和柯尼西通力合作，对文集中的史料，进行了严格的考据。

就这样，豪斯的人格和社会威望，洪尼西斯海姆的鞠躬尽瘁精神，温克尔曼的严肃工作，加上柯尼西出色的组织才能，这些精英因素和到一起，终于使 1963 年的《科隆社会学与社会心理学杂志》专刊《马克斯·韦伯纪念文集》不失时机地问世了。（《科隆杂志》是季刊，每年年底还出一个专刊，通常以一门分支社会学作为专刊名称，如《群体社会学》、《科学社会学》、《知识社会学》、《民族社会学》等。为韦伯出专刊，已属特例。）这部纪念集同时也成了对它的两位故去的倡议人豪斯和洪尼西斯海姆的纪念。

文集分三部分，第一部分是韦伯逝世时和以后几年内他的同代人对他的回忆和评价，第二部分是洪尼西斯海姆的回忆录，第三部分是当代各国学者的学术论文。文集的资料价值和学术价值都很高。这个纪念集赶在 1963 年出版，也是想为 1964 年大规模的纪念活动作准备。

1964 年 4 月，德国社会学会在韦伯的第二故乡海德堡举行第 15 届社会学家大会。会议议题是：马克斯·韦伯与当今社会学。会议本想讨论韦伯的学术思想对今天社会学的重要意义，可是由于法兰克福学派突然袭击，会开得走了样，变成了一场短兵相接的遭遇战。论战的一方是马尔库塞，另一方是帕森斯和本迪克斯，他们把美国思想界的分歧搬到了联邦德国的会场上。从学术上看，论战围绕着韦伯的"价值无涉"原理展开；从政治上看，则是讨论韦伯是否要对希特勒和德国的政治灾难负责；从方式上看，双方都从各自的立场出发，援韦伯的思想，壮自己的声势，态度不够严肃诚恳。有人气愤地说，这哪里是纪念韦伯，分明是审判韦伯！哈贝马斯在发言中说，纳粹思想家施米特是韦伯的合法学生，一下子激恼了本迪克斯等一批美国韦学家，笔墨官司还打到了《纽约时报》上。难怪金耀基先生无限感慨地说："知人论事，月旦人物，实在不是件容易事啊！"[①]

莱普西乌斯教授后来总结这次会议时说："可以肯定，即使在 1964 年，韦伯的社会学还是远远不为人所知的。引人注意的是，所有主要发言人和许多参加辩论的人都不是联邦德国的，选择的发言题目和韦伯的社会学几乎是风马牛不相及。对韦伯的支离破碎的理解，早在韦伯在世时就开始了。二三十年代，由于没有对《经济

---

① 金耀基：《海德堡语丝》，香港中文大学出版社 1986 年版，第 66 页。

与社会》和那些宗教社会学论文进行整理，又强化了这种支离破碎的理解。现在，这样的理解又重新出现了。人们按照价值评估要求的观点，按照他作为政治作家的作用的观点，按照他与资本主义的联系的观点，来看待韦伯。所有这些观点都与时代文化有关，只要报告和讨论发言对韦伯的观点采取了批判的立场，就得到大学生听众的满场喝彩。严格地说，这次社会学家大会几乎没有什么社会学的成分，因此并没有提高人们对马克斯·韦伯的兴趣，而是散布了这样一种情绪：韦伯对于当今社会学简直微不足道。对韦伯思想的系统的接受，又被推迟了。"[①]

真正的韦伯复兴运动，是从 20 世纪 70 年代开始的。1970 年，社会学界隆重纪念了韦伯逝世 50 周年。说隆重，是与百年诞辰的所谓纪念相比而言。据乔治·施密特教授等人统计，70 年代前 5 年，每年发表的关于韦伯的文章和著作中的韦伯专章高达 100 多种。1976—1981 年间，关于韦伯的著述就更多了，仅专著和论文集就有十几本。此外，还在国内举行了多次讨论韦伯的国际性会议，例如：1979 年在康茨坦茨举行的"社会理性化的动力讨论会"、1980 年在巴特洪堡举行的"韦伯论中国讨论会"。1983 年，只出名著、规格很高的苏尔康普出版社出版了一部论文集：《马克斯·韦伯的儒教与道教研究，解释与批判》，收录的论文，除杜维明的《新儒家本体论》以外，都是"韦伯论中国讨论会"上发表的。正像论文集的副标题指出的，这些论文除了解释以外，都是批判性的。汉学家们除指出韦伯占有资料不足外，还批评了他论证逻辑松散，多疏漏，如从汉朝一下子跳到清朝。最尖锐的还是对韦伯结论的质询：中国没有发展出资本主义主要应归咎于儒家伦理吗？不过，韦伯本

[①] 君特·吕申主编：《1945 年以来的德国社会学》，西德意志出版社 1979 年德文版，第 52 页。

人也承认,《儒教与道教》是他的整个世界宗教比较研究中最薄弱的一环,他是怀着惴惴不安的心情把它公诸于世的[①]。

　　《科隆社会学与社会心理学杂志》1980年第1期,是为庆祝温克尔曼八十大寿发的特辑。温克尔曼的四大弟子施普龙德尔、赛法特、赛法特－柯瑙和乔治·施密特撰写了《社会学应当叫做……》的纪念文章。该文简洁地总结了70年代的韦伯复兴运动:"在70年代,在最近一段时期内,德国社会学经历了韦伯复兴运动,这也使1964年的百年诞辰和1970年的祭日所引起的韦伯文献激增。对于社会学的进步而言,这场复兴运动可能会使某些人大感不解。而我们认为,它不过说明,下面这些被延误的课题又被重新认识了:1.它是社会学作为一门学科的发展,在这方面,韦伯复兴运动与同时出现的马克思思潮无疑有着千丝万缕的联系;2.它是社会学的延伸以及社会学内部分歧;3.它是社会学制度化的反映。"[②]

　　到了20世纪80年代,韦伯作为现代"社会学之父"的地位已经无可争议了,他的著作被越来越多地引证,出版一套严谨的有学术价值的韦伯全集已成当务之急。早在1970年,H.拜尔教授就曾写信给温克尔曼,建议成立一个全集出版委员会。大概在1973—1975年间,巴伐利亚科学院经济社会史委员会给院部打过报告,建议成立韦伯全集出版委员会。科学院批准了这个建议,成立了由拜尔、莱普西乌斯、蒙森、施卢赫特和温克尔曼组成的出版委员会,莱普西乌斯为主任委员。从20年代起,一直不遗余力地出版韦伯著作的莫尔·西贝格出版社,主动承担了全集的出版工作,该社社长乔治·西贝格先生是韦伯家庭的法律代理人。1981年,出

---

　　① 参见马克斯·韦伯:《宗教社会学论文集》第1卷,蒂宾根:J. C. B. 莫尔出版社1978年德文版,第278页。

　　② 参见《科隆社会学与社会心理学杂志》,1980年第1期,第7页。

版委员会和出版社达成了协议，共同制订了出版计划。全集共 32卷，分 20 年出齐。第 1 部分是论文和演讲，22 卷；第 2 部分是书信，8 卷；第 3 部分是备课手稿和学生的课堂笔记，2 卷。目前已出版的有 M. 里萨布洛德主编的第 3 卷《1982 年易北河以东德国农业工人的状况》和蒙森主编的第 15 卷上半卷《论世界大战期间的政治。1914—1918 年间的论文与演讲》。明年将出版第 17 卷《儒教与道教》。新版本运用了历史考异法，不是诠释本，而是考据本。每一篇文章都附有三种学术资料：异文资料、修订资料和注释资料。每篇文章前面还有一份学术性的出版报告，说明文章产生的背景和沿革，并考证版本。① 第 13 卷和第 15 卷上卷刚一问世，就受到了学术界和出版界的高度评价。达伦多夫的一篇书评指出："主编人有一种不寻常的洞察力，对文章的划分有明确的思想，有人们瞩望的一切出版道德。人们不仅对那些书信翘首以待，而且盼望着《经济与社会》早日问世——当然，这还要很久。虽然不能从开头类推以后，但是，本评论家毫不怀疑，一部第一流水平的韦伯全集正在孕育中。"②

学术背景

> 许多道路把社会学家引向韦伯——不是条条道路，但是许多道路。形象地说，有高速公路，也有通向干道的小路。
>
> ——乔治·施密特

100 年前，李普曼喊出了"回到康德去"！新康德主义影响了德国几代学人。韦伯就是第三代新康德主义者，他对李普曼的名言

---

① 参见《马克斯·韦伯全集出版说明》，1981 年德文版，第 9 页。
② 参见《科隆社会学与社会心理学杂志》，1985 年第 4 期，第 777 页。

颇有感慨："你能同康德一起研究哲学，或者，你能利用哲学推理去反对康德；但是，你离开了康德，就不能研究哲学。"[①]他大概不会想到，同样的运数在自己百年之后也出现了。

韦伯复兴运动是 60 年代德国社会学复兴的组成部分，也是战后本国文化复兴的一项重要内容。战后的社会学界，虽然兵稀将寡，但在富有学术自由传统的土地上，仍能迅速恢复和发展。战争刚一结束，老一辈的冯·维塞便重建了德国社会学会，组织召开了被战争耽误了的第 8 届德国社会学家大会，创办了《科隆社会学与社会心理学杂志》。20 世纪 50 年代，大学陆续开了社会学课，研究所也逐步走上正轨。柯尼西在科隆领导着经验调查，舍尔茨基在多特蒙德领导着工业社会学研究，阿多尔诺在法兰克福领导着新马克思主义的队伍，各抱地势，培养着一代新人。20 世纪 60 年代，德国社会学的复兴全面实现，科研、教学、应用齐头并进。

在这种全面复兴中，社会学界原先隐藏的分歧日趋明朗，这表现在 20 世纪 60 年代的 3 次论战中：1961 年在德国社会学会图宾根工作会议上开始，延续了 10 年之久的实证主义论战，论战的一方是阿多尔诺和哈贝马斯，另一方是波普尔和阿尔贝特；1964 年的价值无涉论战，就是前面说的纪念韦伯百年诞辰大会上的揪韦伯与保韦伯的混战；1968 年在第 16 届德国社会学家大会上关于晚期资本主义还是工业社会的论战，一方是哈贝马斯，另一方是卢曼。3 次论战中，法兰克福学派都主动出击，但声势一次比一次弱。尤其是旷日持久的实证主义论战，耗尽了法兰克福学派的批判理论。今天，哈贝马斯回顾这场论战时，对笔者说："别提了！那是一场糊涂官司。本来没我的事，我是替阿多尔诺抱不平。"当他知道

---

①　转引自《哲学译丛》编辑部：《近现代西方主要哲学流派资料》，商务印书馆 1981 年版，第 31 页。

中国即将出版的哈贝马斯文集中收了"论战补遗"时，连叫"糟糕"！但他得知中国人也译了他的《传播行为论》中的《马克斯·韦伯的理性化理论》时，又说："这就好！这就好！"还问全书是否能译出。博特莫尔评论说："人们往往认为，法兰克福学派的思想家，一代比一代更强烈地受到韦伯思想的影响。有人甚至认为，20世纪50年代与60年代法兰克福学派的理论发展是从马克思主义对先进工业社会的历史趋势的看法向韦伯的看法转化的过程。"①就连要韦伯为纳粹负责的马尔库塞，也曾受到韦伯的文化悲观主义的影响，他在《单向度的人》中，抨击"技术理性"统治社会，无疑也受到了韦伯理性化思想的影响。法兰克福学派的偏颇，曾经压抑过冷静的韦伯研究，但最终却衰落于韦伯复兴运动逐渐走向高潮的时期。此消彼长，发人深思。从某种意义上说，法兰克福学派也是韦伯复兴运动的一股动力，先是从反面激发，继而归顺，最后从正面推动。精诚所至，顽石点头。足见一种有内在道理的学说之威力。

20世纪60年代，是社会学国际化的时代，特别是美国社会学扩张传扬的时代。美国那种意味着重视韦伯的"韦伯热"，对战后联邦德国的韦伯复兴运动起了推波助澜的作用。但是，联邦德国韦学家认为，帕森斯、格斯等人强加给韦伯不少他们自己的东西，使美国人没能得到韦伯思想的真传。比如格斯的《儒教与道教》英译本 *The Religion of China：Confucianism and Taoism*，本迪克斯评论说："比原本在某些方面更为可读。"②德国人则认为，这是拿着韦伯"编诗"。德国人从美国请回了韦伯，又要给他净身，这就是所谓"非帕森斯化"。不过，如今像君特·罗斯那样的第二代翻译

---

① 汤姆·博特莫尔：《法兰克福学派》，伦敦：劳特利齐出版社1984年英文版，第36页。

② 《中国的宗教：儒教与道教》，自由出版社1968年英文版，（杨庆堃序）第14页。

家和韦学家已经成长起来。他们的译作、著作大量问世，其为人、治学乃至文风都为韦伯家乡的后人所钦佩。施卢赫特说："我的书英文本比德文本质量高，这要感谢君特·罗斯。"其实，施卢赫特的文笔也是很好的，他是世界上公认的权威韦学家，全集的导言就是他写的。

　　20世纪60年代，西方社会学各种理论流派之间的冲突达到白热，爆发了诸如"实证主义论战"那样的大战、小战，可是谁也不服谁，出现了理论危机。出路在哪里？进入70年后，西欧各国不约而同地出现了以"韦伯对话"为中心的比较研究，如韦伯—马克思对话、韦伯—孔德对话、韦伯—斯宾塞对话、韦伯—迪尔凯姆对话、韦伯—帕雷托对话，等等。在1974年的多伦多第八届世界社会学大会上，韦伯与后工业社会成了热题。美国社会学家蒂里亚基安报告的题目概括了各种对话的结果："不是马克思，不是迪尔凯姆……可能是韦伯。"韦伯思想的一个特点，是重视主体性、历史的主体性、领袖人物的主体性以及主体的意义评价。自然科学主义、实证主义和结构功能主义，并不能摆脱这种主体性；另一方面，法兰克福学派、现象学派和心理分析学派，在解释分析的主体性问题上，又发生了极大的分歧，各自的范型很难沟通。时势造英雄，社会学的理论饥荒，给韦伯复兴运动提供了良机。

　　马克思以后，关于工业社会的研究进入了多元化阶段。丹尼尔·贝尔用"中轴原理"来概括工业社会研究的方法论："托克维尔在《古代政府与革命》一书中对自己著作的整个系统阐述——强调革命前后法国社会的连续性——都是以政权集中于国家之手这个中轴结构为依据的。在《美国的民主》一书中，平等是说明美国社会民主思想传播的中轴原理。对于马克斯·韦伯来说，理性化过程是理解西方世界从传统社会变为现代社会的中轴原理：理性的统计、理性的技术、理性的经济道德以及生活态度的理性化。对于马克思来说，商品生产是资本主义的中轴原理，而公司企业则是它的中轴结构。对雷蒙·阿隆来说，机械技术是工业化社会的中轴原理，而工厂则是它的中轴结构。"[1] 贝尔的"后工业社会"理论，是战后最著名的工业社会理论。由于工业社会研究——不仅从政治经济方面，而且从社会经济方面，从精神方面——一直在社会学研究中占据着中心位置，因此韦伯的独树一帜的资本主义形成条件的研究，"新教伦理"、"资本主义精神"等提法就有了现实学术意义。战后，一些富有进取精神的民族在设计自己的现代化方案时，韦伯的世界宗教的经济伦理的比较研究，仍然是不可多得的思想借鉴。甚至在炎黄子孙的新儒家思潮中，也融进了一股"韦伯热"。

余英时教授在《中国近世宗教伦理与商人精神》开篇就指出："韦伯在今天西方的社会科学界和史学界上显然是处于中心的位置。在近代西方哲学上，哲学家中有人向康德立异，也有人和他同调，但决没有人能够完全不理会他的学说。今天韦伯的情形便和康德十分相似。研究现代东亚社会和历史变迁的人则特别注重韦伯的《中国宗教》和《新教伦理与资本主义的精神》两部著作。后一部书虽纯以西方的历史为对象，但其结论仍对东亚研究有反照的作用。韦伯关于西方资本主义兴起的解释蕴涵着一种理论的力量，可以从反面说明东亚——尤其是中国——何以没有发展出资本主义的经济形态。"[2] 结合地区背景研究韦伯，台湾处于领先地位，下面这些文章的题目很能说明问题：《学风与世变——台湾的韦伯热说明了什么？》[3]、《台湾韦伯热的积极效果》[4]、《台湾的韦伯热有什么积极效

---

① 丹尼尔·贝尔：《后工业社会的来临》，王宏周等译，商务印书馆 1984 年版，第 15 页。

② 美国《知识分子》杂志，1986 年《冬季号》，第 3 页。

③ 《中国论坛》第 242 期（1985 年 10 月 25 日），第 51—53 页。

④ 载 1985 年 11 月 14 日《人间》。

果？》①、《虚幻与真实之间——也论韦伯社会学的本土意涵》②、《韦伯对反省中国当前处境的意义——"韦伯选集"评介》③……这些都从一个侧面说明了韦伯复兴运动的国际性学术意义。

总之，新马克思主义的式微、美国社会学出于韦伯又失于韦伯、社会学的理论危机以及后工业社会理论的兴起，这一切填补了战后本国文化复兴的社会学缺口，构成了韦伯复兴运动的社会学背景。联邦德国的韦伯复兴运动很快带来了世界性的韦伯热，也正是由于这种深广的学术背景。但是联邦德国本土的韦伯复兴运动，尚有另外一些引发因素。

政治与经济背景

在意识形态和乌托邦梦幻的波峰浪谷中，韦伯固守着淡泊与宁静，直到咽气时，还咀嚼着这句话："真的即真理。"④

——格斯

战后联邦德国的知识界，面临着在思想战线上肃清纳粹余毒的斗争。尼采首当其冲，被当作希特勒的精神支柱揪了出来。作为政治家，确切地说是作为政治学家的韦伯，也受到了株连。1959 年，蒙森的博士论文《马克斯·韦伯与德国 1918—1920 年间的政治》出版了，却无意地引出了一切对韦伯的攻击，这就是所谓的"蒙森冲击"。对这件事，蒙森在该书 1974 年第 2 版前言中写道："本书第一版问世以来，15 年过去了。它产生时的形势和政治气候，早已有了根本的变化。写这本书时，正在批判地讨论德国前一时期的

---

① 载 1985 年 11 月 24 日《中时》。

② 《中国论坛》第 244 期（1985 年 11 月 25 日），第 55—57 页。

③ 《中国论坛》第 248 期（1986 年 1 月 25 日），第 55—59 页。

④ 《社会学季刊》（美），1964 年纪念韦伯专刊，第 310 页。

浩劫，确切地说，就是讨论纳粹统治是如何出现的，进而为强大稳定的德国民主创造精神的与道德的基础。"[①]"蒙森冲击"激起了对韦伯的大辩论，以致为韦伯辩护，为韦伯平反成了韦伯复兴的序幕。1964年的海德堡纪念会俨然成了一个非纳粹化法庭，韦伯被指控为纳粹统治的思想元凶。这种缺席审判迫使帕森斯、本迪克斯、格斯等人挺身而出，为韦伯辩护。格斯强调："韦伯反对社会达尔文主义和 H.S. 张伯伦，如果他多活几年，我们毫不怀疑，他一定会属于德国学者和教师中的 47%，而在 1933 年遭到放逐，颠沛流离。"[②]其实，韦伯与施米特之间的逻辑关系，并非在海德堡法庭充当原告的法兰克福学派的新发现。卢卡奇早就说过，施米特是韦伯思想的逻辑性产物，但他断然反对韦伯会同纳粹妥协的假设："不会，永远不会！您必须了解，韦伯是一个绝对诚实的人。"[③]雅斯贝尔斯也认为，如果韦伯活到纳粹时期，"他对德国的绝望定然会深到不能再深了。"[④]即使在相持不下的海德堡法庭上，有一点也是双方心里都有数的，即韦伯的政治学理论、卡里斯马型和科层官僚制等等，都是纯真的学术，不包含肮脏的用心。随着时间的推移和韦伯复兴运动的深入发展，蒙森冲击也好，马尔库塞指控也好，都成了过眼烟云。当时作为罪证的"统治的类型"，现在已被多数韦学家认定为韦伯体系的精华，这在后面还要提到。

经过战后的恢复期，到了 20 世纪 60 年代，联邦德国的政局趋于稳定，经济也出现了高涨。60 年代后期，也就是韦伯被再发现的时期，正是联邦德国的经济崛起时期，人均国民经济生产总值跃

---

① 蒙森：《马克斯·韦伯与德国 1890—1920 年间的政治》，蒂宾根：J. C. B. 莫尔出版社 1974 年德文第 2 版，第 11 页。

② 《社会学季刊》（美），1964 年纪念韦伯专刊，第 310 页。

③ 金耀基：《海德堡语丝》，香港中文大学出版社 1986 年版，第 66 页。

④ 金耀基：《海德堡语丝》，香港中文大学出版社 1986 年版，第 66 页。

居世界第 3 位。铃木幸寿指出："值得注意的一种动向是：德国社会学是以德国的经济复兴和飞速发展为背景，稳步而顺利地完善起来并力图把固有的传统作风更好地保持下去。"①40 年代后期美国重视韦伯研究，也正值美国成为资本主义世界最发达的国家之际。以美国的韦伯热和联邦德国的韦伯复兴运动为轴心扩展开的世界性的韦伯热，基本上从 70 年代开始出现，那时，欧洲经济共同体已经发展成一个强大的经济实体，出口贸易和黄金外汇储备超过了美苏两国的总和，日本的经济也已腾飞。铃木幸寿指出："对韦伯的研究，德国虽然费了很大工夫，但从其水平来看，还是日本处于领先地位。"如果没有点实底，是断断不敢出此妄言的。我没有考察过日本的韦伯研究，不能断定其水平如何，但就个人的粗浅了解，总可以说，日本人重视韦伯研究。几乎韦伯的所有著作，都有了日译本。《儒教与道教》，目前还没有中译本，可是已有了两个日译本，木田德识的译本相当好，有大量的译注。施卢赫特等人的专著，也及时出了日译本。日本人重翻译，更重研究，1963 年科隆杂志专刊《马克斯·韦伯纪念文集》中就有日本学者的《对日本历史的宗教社会学研究》，在 1985 年斯图嘉特第 16 届国际历史科学大会上，日本学者吉野耕作先生提交了一篇论文，题目是：《马克斯·韦伯对非欧社会历史的贡献：中国》。在温克尔曼先生的遗物中，有一箧精心保存的日本韦学家的来信，不是一般的信件，而是长篇的学术探讨。日本人研究韦伯，注重收集资料，不惜工本。1986 年，《科隆杂志》1963 年的纪念专刊再版，只出了 2000 册，日本学者闻讯后，立即抢购了 900 册。价格昂贵的韦伯全集第 13 卷（618 马克）和第 15 卷上卷（457 马克）各出了 1500 册，主要为日本学者购去，英国人一本没买，富裕的美国人也没有买，当然，这里说的只是个人，国立图书馆还是要买的。总之，韦伯在日本是受重视的。

①　福武直:《世界各国社会学概况》，北京大学出版社 1982 年版，第 58 页。

重视韦伯研究的美国、西欧、日本，都有令人深思的经济背景。近年来重视韦伯研究的我国港台地区，其经济发展也为世界瞩目。《日本第一》之后，《东亚之优势》又风靡全球，足见这些"边缘地区"在当今世界的地位。至此，是否可以说，韦伯热的经济背景，是经济的振兴，是现代化？

这个提法有两个理由。第一，两次世界大战以后，作为生产力要素的科学技术飞速发展，经济与社会的进步已经到了现代化阶段。现代化的历史，体现着人类从必然王国向自由王国的跃迁。建设型的思想逐渐抬头，设计型、外生型、再生型的现代化经济逐渐出现。贝尔说："后工业社会必然是一个更加有意识地制定决策的社会。"①设计现代化蓝图的前提，是对前期工业社会的总结。在这种总结与设计的学术潮流中，近代思想家对时代的诊断，尤其是建设性的诊断，是极有价值的参考资料。韦伯热不过是这种面向现代化进程的学术潮流当中的一支，但却是很有特色的一支。第二，以总结前期历史和设计现代进程为目的的学术研究，越来越多地表现出综合的性质，即对于工业社会，不仅要从经济方面，而且要从政治方面、文化精神方面来加以研究。在这种要求下，韦伯的历史研究、比较宗教社会学研究和《经济与社会》中关于统治类型的研究，格外引人注意。

总之，韦伯复兴与韦伯热，总是伴随着经济振兴的背景，这一相关现象说明，韦伯的思想未被现代化进程抛弃，而是在现代化进程中不断经常地被检验。例如，韦伯的科层官僚制思想，就是在国家机器不断健全的条件下逐渐引起重视的。对于科层官僚政治，贝尔认为：马克斯·韦伯是这种理解的大师。在韦伯看来，社会主义和资本主义并不是矛盾对立的体系，而是因为强调其职能理性而产

---

① 丹尼尔·贝尔：《后工业社会的来临》，王宏周等译，商务印书馆1984年版，第51页。

生于同一个社会形态，即科层官僚政治的两个变种。自从凯恩斯主义问世以后，国家日甚一日地干预经济生活，正是韦伯复兴运动的另一层背景。

韦伯复兴运动对韦伯思想的阐扬

如果有一天，我不得不走向坟墓，那么，除了对我所推崇的马克斯·韦伯以外，我不会对任何人说：儿子，接过我的长矛！我拿不动了。[①]

——特奥多尔·蒙森

这位蒙森是前面说的"蒙森冲击"的那位蒙森的曾祖，凭一部《罗马史》获得了 1902 年的诺贝尔文学奖。老蒙森对韦伯 25 岁时所作的博士论文答辩的评语，寄托着这位杰出的学者对一位同样杰出的晚辈的无限瞩望。韦伯复兴运动证实了这位伯乐的远见卓识。

到目前为止的韦伯复兴运动，主要是出版诠释韦伯的著作，进而阐扬韦伯的思想。韦伯是一位辛勤耕耘的学者，他在史学、法学、国民经济学、政治学、社会学以及美学、哲学等领域都有重要建树。已发表的韦伯著作的书目有 230 多种。这里只介绍一下笔者读过的几部代表作：《新教伦理与资本主义精神》、《儒教与道教》、《经济与社会》，再就是韦伯逝世前在慕尼黑大学的两次著名演讲"以学术为业"和"以政治为业"，此外还有后人整理的《世界经济通史》。

1.《新教伦理与资本主义精神》

从严格的意义上说，韦伯的第一部社会学著作是《新教伦理与资本主义精神》，最早发表在 1904—1945 年的《社会科学与社会

---

① 《马克斯·韦伯纪念文集》，奥普拉登：西德意志出版社 1985 年德文第 2 版，第 11 页。

政治文献》第 20 期和第 21 期上。韦伯的研究动机是探讨近代资本主义产生的原因。他的出发点是一系列的社会调查和历史上的职业统计资料。他从中发现了一种十分常见的情况：近代企业的资本所有者和经营管理者以及高级技术工人中新教徒的比例远远高于天主教徒，而在行会师傅和帮工、学徒中，天主教徒的比例极高。韦伯还发现，无论在德国还是整个欧洲，在天主教占优势的地区，工业远不如新教占优势的地区发达。他从对 16 世纪那些富裕城市的研究中，也发现了同样的情形。于是，他指出："在这些现象中，无疑有某种因果关系，即教育形成的精神特点，在这里是以家乡和双亲家里的宗教气氛为前提的教育方向，决定着职业选择和今后的职业命运。"[①] 清教徒，"无论是作为统治阶层还是被统治阶层，多数还是少数，都有一种特殊的经济理性主义倾向，但在处于上述任何一种条件下的天主教徒中，却根本看不到同样的倾向。因此，这种差别存在的根本原因，必须从他们宗教信仰的持久的内在特性中寻找，而不是仅仅从暂时的外部历史政治条件中去寻找"[②]。

何为新教伦理？韦伯认为，这就是来世论、禁欲主义和宗教虔诚所唤起的艰苦劳动精神和进取精神，这些绝不能理解为现世生活的享乐。何为资本主义精神？韦伯用富兰克林的名言描绘了这种精神："时间就是金钱"、"信用就是金钱"、"金钱具有滋生繁衍性"、"善付钱者是别人钱袋的主人"、"对收入和支出严格记账"[③]、"赚钱、获利支配着人，并成为他一生的最终目标。获取经济利益不再从属

---

① 马克斯·韦伯：《宗教社会学论文集》第 1 卷，蒂宾根：J. C. B. 莫尔出版社 1978 年德文版，第 22 页。

② 马克斯·韦伯：《宗教社会学论文集》第 1 卷，蒂宾根：J. C. B. 莫尔出版社 1978 年德文版，第 23 页。

③ 马克斯·韦伯：《宗教社会学论文集》第 1 卷，蒂宾根：J. C. B. 莫尔出版社 1978 年德文版，第 31—32 页。

于也不再是满足他自己物质需要的手段……在近代经济制度中，只要干得合法，赚钱就是职业道德和能力的结果与表现。"[①] 韦伯发现了一种观念：个人有增加自己的资本的责任，而增加资本本身就是目的。

在分析了资本主义精神以后，韦伯又分析了它的对立面——传统主义精神，其表现是：

> 人从本性上不愿意挣钱越挣越多，只想质朴地过日子，习惯地生活，挣过这种日子所需的钱。在近代资本主义开始其事业，即通过提高人的劳动紧张程度来提高其"生产率"的任何地方，都遭到了这种前资本主义经济劳动的主要动机的无比顽强的反抗。[②]

韦伯认为，近代资本主义必须战胜的最大的敌对力量，正是这种传统主义。

在写作《新教伦理与资本主义精神》期间，韦伯曾去美国参加了一次关于科学世界的大会并参观了在圣路易斯城举行的世界博览会。借此机会，他周游了美国，亲眼看到了这里形形色色的新教教派，对美国资本主义的产生发展也有了比较清楚的了解，在纽约和哥伦比亚大学的图书馆里，他还找到了进一步研究新教伦理的历史作用的资料。

美国之行使韦伯认识到，现代经济的基本动机是"经济理性主义"，根据恒久性与信贷保障进行的私人与社会的商业交往与新教各教派的教义之间存在着内在的联系。

---

① 马克斯·韦伯：《宗教社会学论文集》第 1 卷，蒂宾根：J. C. B. 莫尔出版社 1978 年德文版，第 35—36 页。

② 马克斯·韦伯：《宗教社会学论文集》第 1 卷，蒂宾根：J. C. B. 莫尔出版社 1978 年德文版，第 93—95 页。

他先研究了加尔文教派的"神恩选召"教义，这种教义认为，人只是为了上帝的意志而存在，人生在世仅仅是为了炫耀上帝的光荣。上帝事先规定了，一部分人有福升天堂，另一部分人则要下地狱。上帝喜欢新教徒的社会成就，因为这是按照他的意志建立起来的社会生活形态。新教徒从事社会劳动的目的是，增加无上光荣的上帝的光荣，为尘世的整个生活服务的职业劳动也具有这种性质。韦伯指出：

　　这种学说，由于其庄严的非人性，势必会给一代人的情绪造成一种后果：个人内心感到空前的孤独，而这一代人正是为了这种学说的壮丽结果而献身的。为了对于改革时代的人至关重要的终身大事，为了升入永恒的极乐世界，人被指点着孤独地走自己的小路，迎接不可改变的命运。没有人能帮助他。牧师无助于他——因为只有被选召的人才能心有灵犀，听懂上帝的语言，圣事无助于他——因为圣事虽然是上帝为了增加自己的光荣而安排的而必须坚持，但这并不是取得神恩的手段……教堂也不是进入极乐世界的手段……最后，连上帝也无助于他——因为基督就是为了这些被选召者而死的……在路德教中，彻底否定教堂圣事能救世，是同天主教的根本区别。宗教史上把世界从魔幻中解脱出来的伟大过程就是这样完结的，这个过程开始于古代犹太人的预言，在与古希腊科学思想的结合中扬弃了一切作为迷信和亵渎的救世尝试的巫术手段。[①]

　　韦伯把人类的历史看成是从魔幻中解脱出来的历史以及向理性化发展的历史。他从加尔文教徒的心理中，发现了西方近代理性主义产生的原因和发展的动力，这就是时间的价值。加尔文教告诫人们：不仅要勤勉地工作，而且要有计划地生活，不能浪费每一分光

---

① 马克斯·韦伯：《宗教社会学论文集》第 1 卷，蒂宾根：J. C. B. 莫尔出版社 1978 年德文版，第 93—95 页。

阴，不能错过每一次赢利机会。韦伯把这种教义称为"把握世界的理性化"，以别于传统主义的"适应世界的理性化"。早期资本家的口号也是，时间就是金钱，时间就是生命。他们不仅勤，而且俭，尽量限制消费，尽可能把每一分钱都用于投资。积累的目的不是为了个人的享乐，而是为了增加世上的财富。韦伯于是发现了加尔文教教义与近代资本主义之间的亲和性。

韦伯分析了加尔文教的教义及其作用以后，接着分析了新教的其他教派：虔敬派、卫理公会派和浸礼会派。他着重分析了浸礼会教徒、门诺派教徒和教友派教徒的生活表现。这些教派通过比加尔文教派更彻底的经济职业兴趣和更加紧张的劳动，世界观得到了升华。他们看破红尘，不为名，不计利。在韦伯看来，这些教派的脱魔作用比加尔文教派更彻底。

通过对新教各教派的分析，韦伯发现了它们的教义有一个共同点，这就是内心禁欲的使命思想，而这正是早期资本主义原始积累的精神。因此，韦伯认为，新教是近代资本主义的文化起源。

2.《儒教与道教》

《儒教与道教》是韦伯的比较宗教社会学研究《世界宗教的经济伦理》中的一篇，据韦伯夫人讲，这一篇韦伯曾认真修改过，而后面的《佛教与印度教》、《古犹太教》和附录未来得及修订。《儒教与道教》及前边的导论，开始写作在 1911 年，最初发表在 1916年《社会科学与社会政策文献》第 41 卷第 1、2 册上。《儒教与道教》共分 8 章：前 4 章概述中国封建社会的社会学基础，第 1 章题为"城市、君侯与神"，第 2 章"封建俸禄制国家"，第 3 章"行政管理与农业制度"，第 4 章"自治、法律与资本主义"；第 5、6 章"士等级"和"儒教的处世之道"是第 2 部分；第 7 章"正统与异端（道教）"是第 3 部分；最后一章"结论：儒教与清教"是第 4部分。

韦伯的目的是：探讨为什么中国没有出现西方那样的资本主义。所用的资料主要是莱格翻译的英文版 28 卷《中国古典著作》、《孔子的生平与学说》，此外还有一些源于《文献通考》和《御批通鉴纲目》的二手资料，再就是《京报》和大量外交官、传教士的报道。这些史料上限自西周初年，下限至清朝末年，重点在春秋战国时期。可以说，韦伯使用了他那时所能使用的一切关于中国的重要资料，这对于一个不懂中文的人来说，已经很不易了。

韦伯的行文洋洋洒洒，想到哪里，写到哪里，如行云流水，酣畅淋漓，但逻辑性也就显得松散了，有时跳来跳去，有时同样的论证在几个不同的地方出现、观点往往隐藏在大量的描述中。

韦伯从分析中国货币入手，开门见山地提出，直到近代，中国一直没有形成发达的货币经济。他入微入细地分析了中国的货币系统，从贝币、布帛、珍珠、宝石到金属货币，从造币技术到货币的质量和金、银、铜各种货币的比价，从币值变化到历代失败的货币改革。他从落后的货币系统进入自给自足的封建行会和功能不全、没有独立性的城市，指出中国没有西方中世纪的城市，没能担负起促进财政合理化、货币经济和政治性资本主义发展的任务。

韦伯把城市的软弱归于帝国政治过于统一。中央政府集各种权力于一身，不仅限制了城市的发展，而且也阻碍了为发展资本主义所应进行的彻底改革。他指出：

在这个世界帝国中，阻止行政管理理性化的拿国家俸禄的阶层，正是战国各国理性化的有力的促进者。但是，鞭策现已不复存在，市场竞争迫使私人经济企业理性化，同样，在我们这里和战国时代的中国，政治权力的竞争则也迫使国家的经济与经济政策理性化。另一方面，在私有制经济中，任何一种卡特尔化都削弱着理性的计算——资本主义经济之魂，同样，各国之间强权政治竞争，也使行政管理活动、财政经济及经济政策的理性化萎缩了。这个世界帝国再也得不到战国各国竞争中存在过的理性化的动力了。[1]

不过，韦伯也很重视统一帝国的优点：物资和人口可以自由流动、和平的环境、没有过多的战争支出，等等。

这个大一统的国家却缺少法制观念。君权神授，真命天子是政教合一的最高体现，圣旨就是法令。中国只有伦理和礼仪规范，缺少发达的正式法律，缺少近代资本主义投资所要求的理性的法律和法律程序，造成这种状况的原因是世袭制、宗族以及没有职业法官。

上面这几种因素——没有发达的货币经济，没有独立的城市，政教合一的中央集权制国家和没有法制，构成了中国社会的社会学基础，但它们仅仅是中国没有产生资本主义的物质因素，韦伯接着分析了更为重要的精神文化因素——儒家伦理。

韦伯先分析儒家伦理的体现者——儒士：

中国的统治阶层——尽管这种统治有时中断，且经常处于剧烈的斗争中，但总是不断更新，不断发展——现在和过去，整整两千年以来，始终是士。[2]

儒士的社会声望，在于他们博学多识、长于章句，他们不仅精通经典，能够传达先哲旨意，而且具有历法和星相知识，儒士在春秋战国时期，就以流浪学者的身份，充当诸侯的幕僚，从政、谋官是儒士阶层最重要的特点。儒士享有特权待遇：免除杂役、免受体

---

[1] 马克斯·韦伯：《宗教社会学论文集》第1卷，蒂宾根：J. C. B. 莫尔出版社1978年德文版，第348—349页。

[2] 马克斯·韦伯：《宗教社会学论文集》第1卷，蒂宾根：J. C. B. 莫尔出版社1978年德文版，第396页。

罚、食俸禄。儒士的典范是君子，君子体现着"仁"，"仁"是一种美好的社会伦理。在经济方面，儒士是外行，没有明确可行的经济政策观点，只有小康世界的社会福利幻想，在政治方面，儒士始终是阉党、外戚的死对头，维护正统的世袭统治。

在分析了儒士的特点以后，韦伯进一步分析了儒教的处世之道。儒教的特点是入世：

> 信儒教的正统的中国人（不同于佛教徒），在祭祀时为自己祈祷多福、多寿、多子，也稍微为先人的安康祈祷，这同埃及那种完全把自己来世的命运寄托于死者保佑形为强烈的对比。[1]
>
> 长期以来，儒教至少总是用绝对不可知的根本否定的态度对待任何彼岸的希望。[2]

而此岸的希望，又都寄托在人世的救星——真命天子身上。

> 因为从前没有任何转世论、救世说，根本没有对超验的价值和命运的任何追求，所以国家的宗教政策始终处于十分简单的形态：部分是祭祀活动国家化，部分是放任私人开业的术士，因为他们是过去流传下来的，对于私人又是必不可少的……由于这些原因，儒教中也就必然没有人们的**不平等的**（宗教）**资格**的经验（儒教认为全无所谓），因此也没有任何关于"恩宠地位"的宗教性差异的思想："恩宠地位"这一概念本身对于儒教来说只能是未知的，这是必然的。[3]

---

① 马克斯·韦伯：《宗教社会学论文集》第 1 卷，蒂宾根：J. C. B. 莫尔出版社 1978 年德文版，第 433 页。

② 马克斯·韦伯：《宗教社会学论文集》第 1 卷，蒂宾根：J. C. B. 莫尔出版社 1978 年德文版，第 433 页。

③ 马克斯·韦伯：《宗教社会学论文集》第 1 卷，蒂宾根：J. C. B. 莫尔出版社 1978 年德文版，第 434 页。

因此也就没有神恩选召思想和使命观了。在分析了儒教的入世思想以后，韦伯接着指出：儒教中缺少天赋人权与形式的法律逻辑。在儒教里，物质福利不是诱惑之源，而是彰扬道德的重要手段。天赋人权学说所要求的一切伦理的中心概念都是儒教中所没有的。韦伯认为，儒教是一种世界观，是一种对尘世秩序和习惯的见解。它认为，只要人人恪守内在的和谐的秩序，就应该，也能够达到长治久安和安居乐业。因而儒家维护传统，而传统正是阻碍近代资本主义产生的绊脚石。

分析了儒教以后，韦伯又探讨了作为异端的道教，看它是否能引导出理性的生活方式。结论是：也不可能，因为道教的否定倾向太强了。

最后，韦伯又把儒教的理性主义与清教的理性主义进行了一番比较。韦伯研究儒道的真正目的，还是为了从另一个侧面证实他在《新教伦理与资本主义精神》中的结论：为什么近代资本主义仅仅发生于西方国家——新教教义与资本主义精神之间的亲和性。韦伯全面地比较了儒家伦理与清教伦理。儒家讲小范围内的忠、孝，攻击"兼爱"是无父无君，是动物性的表现；儒士只为知己者用，绝不为神尽义务，子不语怪力乱神，儒士不认为自己欠了遥远的上帝什么债；儒家重风土人情，而不懂法律契约；儒士慎独，修优雅的风度和高尚的外表，而不像清教徒那样克制、改造自己，以赎罪；儒士之间互不信任，不像清教教友在服从教规的基础上相互信任，因此儒士们不可能开展发达的商业信贷活动；儒士的语言华丽，清教徒的语言质朴、客观、有利于信息交流；儒教培养出一批批高级书呆子，除了哲学、文学，其他知识极少，清教徒则受到圣经中的法律知识和经营管理思想的教导，他们把自然科学知识看成是在职业劳动中合理地控制自己的手段，而把哲理看成浪费光阴的把戏……两种伦理最尖锐的对立在于它们的中心概念"礼"和"使命"，前者要求人理性地适应世界，后者则要求人理性地把握世界和改造世界。儒士和清教徒都有理性，区别就在于前者仅仅适应世界，后者才改造世界，在于儒士没有清教徒清心寡欲的苦行精神和狂热的使命感，而这正是近代资本主义所必需的。

中国尽管有不少有利条件，但始终没有出现西方那样的资本主义，甚至没有出现过中世纪后期的资本主义，中国有的只是内政掠夺的资本主义。韦伯认为，究其原因，除了中国社会结构的特点，即前面讲的社会学基础外，关键在于中国没有与近代资本主义精神不谋而合的新教伦理，在于儒家伦理中缺乏禁欲主义和使命思想，不能教人积累和勤奋地劳动。

韦伯在《新教伦理与资本主义精神》、《儒教与道教》等宗教社会学论中，运用了历史综合分析法和文化比较法，对探讨西方近代资本主义的起源做出了独特的贡献。在韦伯复兴运动中，不仅社会学界，而且宗教研究、史学、伦理学、法学和经济学界，也都肯定了韦伯的成就，认为他的方法对单一地从经济角度对社会发展进行的研究是重要的补充。例如，1985 年的第 16 届国际历史科学大会就把韦伯的史学方法论摆到了特别显著的地位，可见韦伯的方法在世界史学研究中的影响。但是，对于韦伯的结论，尤其是《儒教与道教》中的结论，多数学者不敢恭维。韦伯在强调文化因素的同时，绝口不提生产力，尤其是技术对历史发展的影响，不能不说是重大的失算。

3.《经济与社会》

《经济与社会》完成于 1909—1920 年间，当然，在此期间他并不是全做这一件事。韦伯把他一生中研究过的全部课题，几乎全都纳入了《经济与社会》，它是韦伯最重要的学术著作，也被公认为德国社会学的最高成就。

　　《经济与社会》全书约 100 万字，分两大部分。第 1 部分是社会学的范畴学，共 4 章：第 1 章，社会学基本概念；第 2 章，关于经营的社会学基本范畴；第 3 章，统治的类型；第 4 章，阶层与阶级。第 2 部分是经济、社会制度和权力，共 9 章：第 1 章，经济与社会制度；第 2 章，普通共同体的经济关系（经济与社会）；第 3 章，经济关系中共同体化与社会化的类型；第 4 章，民族式的共同体关系；第 5 章，宗教社会学（宗教共同体化的类型）；第 6 章，市场社会化；第 7 章，法律社会学；第 8 章，政治共同体；第 9 章，统治社会学。由此可以看出，《经济与社会》涉及了社会学的基本范畴和 5 个分支社会学：经济社会学、民族社会学、宗教社会学、法律社会学和政治社会学。《经济与社会》的价值，目前各学科正在发掘。这里只简单提一下笔者读过的一小部分，即韦伯的社会行动理论（社会学基本概念）和政治社会学理论（统治的类型、统治社会学）。没有读过的部分，不敢妄谈，也只能挂一漏万。

　　社会行动理论，这是帕森斯 30 年代构造他的社会行动结构理论的丕模。韦伯对社会学和社会行动下的定义是：

　　　　社会学（这里理解的是这个被极其含混地使用的词的含义）应该是这样一门科学，它打算通过解释性地认识社会行动，进而从过程和作用上来阐释社会行动的原因。当行动者把某种主观意图与行动结合起来时，行动就是人的行为（不管是外在的还是内心的动作、抑制、容忍，都一样）。"社会行动"则指这样一种行动，它按照行动者的意图与他人的行为发生关系并取向于这种行为的进程。①

　　韦伯所说的社会行动是行动的一部分，行动又是人的行为的一

---

　　①　马克斯·韦伯：《经济与社会》，蒂宾根：J. C. B. 莫尔出版社 1976 年德文版，第 1 页。

部分，用图来表示，就是：

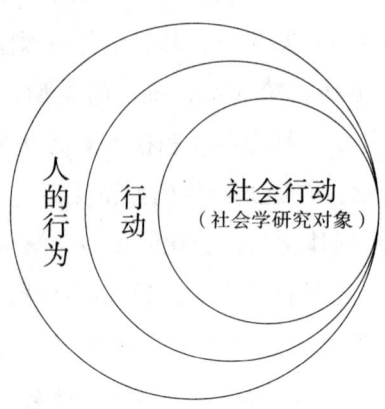

韦伯认为，只有这种社会行动才能成为社会学的对象，它是有意识的有意义的行动。许多人的同样的行动并非都是有意义的行动，也可能是盲动。单纯的习惯行动也称不上有意义的行动，纯粹机械的反应和本能反应也不是有意义的行动，精神病患者的病态行动则毫无意义，对他人的行动的纯粹反射性的模仿也算不上社会行动。

韦伯把社会行动分成四种类型：（1）目的理性的行动（为达到一定的目的而进行合理的权衡、采用合理的手段的行动）；（2）价值合理的行动（为了某种信仰而不顾效果的行动）；（3）感情与激情的行动（由现实的情感和感觉规定的行动）；（4）传统行动（习惯性的因袭行动）。韦伯最看重目的理性的行动。在这种行动中，行动者自身的目的与手段完全由理智来规定，因此是最有意识、最有意义的社会行动。目的理性的行动是普遍适用的行动理念型。

韦伯从社会行动出发，因此十分重视动态的功能，避免把社会与社会组织实体化，他反对斯宾塞的社会有机论，认为这是一个不恰当的比喻。在韦伯的社会行动理论中，没有集体角色与实体组织，只有具体的个人的社会行动。无论研究何种社会系统，他都着眼于系统中的具体个人的行动过程。当他讲家庭、国家或其他社会组织时，他指的是其中一个一个的人的实际的行动过程或可能的行动过程。当他讲某种社会制度的存在及其作用时，他指的是机会与期望：由于一定的适从，一定的个人会用可以想象的有意义的方式行动。所以，他的社会行动论实际上是个人社会行动论。

韦伯的政治社会学也叫统治社会学，是韦伯全部著作的精髓。关于统治，韦伯这样说：

"统治"，按照定义应该叫作使可领导的人类群体服从某些（或一切）命令的机会。不是任何机会都对他人行使权力或施加影响。这种意义的统治（"权威"）在具体情形下可以基于形形色色的服从动机：从最朦胧的习惯到纯理性目的的权衡。任何真正的统治关系中，都有一种最起码的服从意愿，亦即服从的兴趣（内在的或外表的）。[①]

韦伯把统治的类型分为三种：（1）合法统治，建立在对被任命的人借以行使统治的成文的制度与法令的信仰的基础上；（2）传统统治，建立在对被任命的人借以成为权威的一向有效的传统与正统的神圣性的日常信仰的基础上；（3）卡里斯马统治，建立在对一个人的神圣性或英雄魅力或榜样性以及由此开创的制度的不平常的献身精神的基础上。

韦伯着重分析了历史上最进步的统治形式——拥有科层管理机构的现代合法统治。科层管理机构中的公职人员有下面10个特征：（1）人身自由，只是事务性地服从职务上级；（2）有严格的职称；（3）有严格的职权；（4）有合同；（5）（原则上）有业务合格

---

① 马克斯·韦伯：《经济与社会》，蒂宾根：J. C. B. 莫尔出版社1976年德文版，第28页。

证明——最合理的是通过考核由文凭确认的业务合格证明；（6）报酬是用货币支付的固定薪水，多数人有领取退休金的资格，不过有时（尤其在私营企业中）雇主一方可以解聘，雇员一方则随时可以辞职；（7）以职务为唯一的或主要的使命；（8）资历——按工龄或贡献或兼顾两方面被晋级，要与上级的评价相结合；（9）工作与行政手段分开，严禁以权谋私；（10）遵守严格统一的职业纪律，接受监督。

韦伯强调科层管理的事业化，把"专业知识"看成科层管理的重要手段。创造财富的现代技术决定了这种手段必不可少。他指出：如果没有科层机器，那么在一个官员、职员、工人与管理手段分离，纪律与惩处必不可少的社会里，除了供应手段的占有者以外，对于其他一切人来说，现代化生存的可能性就没有了。

韦伯还详细地分析了科层制产生的社会经济原因，存在的条件及优越性。限于篇幅，这里不一一介绍了。

4.《世界经济通史》

严格地说，《世界经济通史》并不是韦伯的著作。韦伯逝世前半年，曾应慕尼黑大学邀请，开了一门世界社会经济史纲课，但他没有留下任何讲义、提纲和手稿。1923年，海尔曼等人根据听过这门课的几个学生的笔记，校订出这本书的正文，冠以《世界经济通史》之名，以韦伯的名义出版。不过，它是韦伯最后一部思想遗产，显然更系统、完备。

全书共分4编30章。第1编题为"家庭、氏族、村落和庄园"，内容为原始农业共产主义、农业组织的演变、私有财产的起源以及资本主义农业的发生发展。第2编题为"资本主义兴起以前的工矿业"，历述工业的起源、工业经济组织的演变、行会制度的兴衰、西方工厂的前身——手工作坊的兴起和发展以及近代资本主义出现以前的矿业生产。第3编题为"资本主义时代以前的商业与交换"，综述商业的起源、货物运输、商业组织形式的演变以及前资本主义的货币、银行和利息的沿革。第4编题为"近代资本主义的兴起"，全面讨论了资本主义的起源：商业公司和自由批发贸易的出现；工业技术、专利法与价格造成的资本主义兴起的历史条件；城市与市民的兴起、理性的国家和资本主义精神的演变。

韦伯的这个历史系统，包含着一系列连续的因果链。结果是资本主义的如下特征：资本主义的企业组织、合理化技术、自由的劳动力以及不受限制的市场。中间条件是计算的法律系统和与适度地追求利润的普遍商业化相联系的经济伦理，这些条件又为科层制的政府和以法律契约为准则的市民关系所孕育，在错综复杂的行政、军事和宗教因素的交互作用下发展起来。总的模式是：经济发展以技术、生产、政治、文化、军事等各种因素的综合作用为条件，有什么样的综合作用，就有什么样的经济发展。这里的历史研究比《新教伦理与资本主义精神》和《儒教与道教》中的历史研究显然有了提高，不仅仅强调文化因素了。

5. 两篇演讲

1917年11月7日，韦伯应慕尼黑自由学生同盟的邀请，作了"以学术为业"的演讲。1919年1月28日，也是应这个组织的邀请，韦伯作了"以政治为业"的演讲。鉴于本书已经收录了韦伯这两篇演讲的原文和施卢赫特教授的评论，这里就不赘述了。

总之，通过韦伯复兴运动，被封存了30多年的韦伯学术思想全面地呈现在国际学术界面前。在史学、社会学、宗教学、法学、社会科学方法论，甚至汉学等领域中，韦伯的著作都被确立为经典。从上面分析的韦伯的几部代表作来看，韦伯实际上是一位全面研究资本主义的发生、发展和现状的学者，他用的是历史综合分析和文化比较研究的方法。韦伯思想的主线是理性主义。理性化，对于西方文明来说是牵一发而动全身的问题，对于现代人类的发展来说，也是命运攸关的问题。韦伯复兴运动阐扬的韦伯思想，实际上是一种现代化思想。富永建一教授把韦伯列入第二代现代化理论家，认为韦伯思想的历史背景是世界现代化进程的第二阶段。在这个意义上，可以把韦伯复兴运动看成现代化理论思潮中的一大流派。

几点看法

巨大的困难之一是，我们无法逾越19世纪与20世纪的社会学伟人们所确定的主题的变体。①

——爱德华·希尔斯

这位希尔斯是在美国介绍、传播韦伯学说的主要人物。

一种学说之所以会热起来，一方面在于客观形势发展的要求，另一方面也在于人为的促进。目前，我国正进行着一场以现代化为目标的深刻变革，政治、经济以及学术界的形势与韦伯复兴运动形成时期的形势有着一些相似之处。在振兴中华的旗帜下，整个理论界被空前动员起来，他们面临着为现代化设计程序的严峻任务。毫无疑问，吸收消化前人的一切思想成果，将是与完成这一任务相辅相成的必要条件。高以下基，洪由纤起，这不仅是治学之道，而且是学术之史。平步不能登天，有所借鉴，才能有所提高，全面借鉴，方能不落褊狭，这是那些已经先后起飞了的国家的共同经验。我们今天开展韦伯研究，同样是基于这一条经验。具体而言，在我国研究韦伯的思想有如下几方面的意义：

1. 在西方古典社会学家中，只有韦伯系统地研究过中国。《儒

---

① 转引自贝尔·丹尼尔：《后工业社会的来临》，王宏周等译，商务印书馆1984年版，第64页。

教与道教》被认为"是一个提供挑战性观念和概念公式的不竭源泉"。以中国的实际辅证自己的思想，这不仅是韦伯对于汉学研究的独到贡献，而且对于我国学者来说，这也是一份不可多得的参考资料。

2. 联邦德国的韦伯复兴运动的焦点，一度是韦伯的价值无涉思想。如今，这一立场已经潜移默化地被许多学者接受。例如，在涵盖面空前广阔的现代化理论与发展理论中，我们能更多地体会到某种冷静的建设性态度。社会科学家们，不管来自哪个世界、哪个国家、哪个民族，都能坐在一起讨论、交流。范型冲突与政治分歧之间的关系越来越弱了。本书收录的"以学术为业"的演讲，清楚地表达了韦伯对学术与政治之间的关系的见解。

3. 自康德以来，人的主观意识、主体作用，一向很受重视。但是，这种重视多停留在哲学上，而对于"激发西方中产阶级的精神动力是什么"这样复杂的问题，只有韦伯才做出了社会学式的回答。韦伯提出的"资本主义精神"范畴，巧妙地解答了桑巴特之谜——赚钱何以又要俭省？今天，在动员人民为现代化奋斗时，怎样唤起一种自觉的投入精神，似乎可以借鉴韦伯的答案。

4. 韦伯为社会学安身立命，为社会学方法论建设做出了什么贡献？目前没有统一的答案。但是，多数人认为，他的贡献是独特的，他的社会行动理论，是康德主义在社会学领域的延伸，启迪了帕森斯等一大批后学；他的"理念型"为各种社会学概念和思维模式奠定了基础。

5. 韦伯思想的博大与他广泛驾驭资料的能力是完全相称的，韦伯功底扎实，有良好的史学修养，注重资料收集和社会调查。麦克雷说："没有一个人敢批评他知识不广博。我知道，今天许多学者认真读韦伯书的目的，就是在于获得他放在作品中的广泛资料。"①
韦伯的特点是大而且当，既不失于空泛，也不沉溺于浩繁的资料
叙述。

6. 韦伯为我们留下了深刻的"理性"范型。迄今许多学者仍在
为探究理性概念的精微底蕴而"想破脑袋"（麦克雷语）。韦伯的理
性，高扬了社会性智能，这种智能出于个人，关涉他人，使社会从
传统和一切彼岸的主宰力量的魔幻中摆脱出来。这种智能将行动的
结果逆推到行动之先，将残酷与仁爱相接，将恶与善翻转，将应该
与不应该颠倒，一言以蔽之，这种智能开启了人类的创新时代，推
出了一代人杰，它向人类呼唤着：喂，换一个方向走走看吧！

总之，当前的体制改革带来经济形势的好转，进而带来了理论
的繁荣，在我国迈向现代化的进程中，韦伯被引进了，韦伯研究应
运而生了。这绝不是说，韦伯能解决中国的现代化问题，而是表
示，中国开始探索现代化理论。韦伯没有提出实现现代化的答案，
而是提出了一系列发人深思的问题；韦伯没有完成现代化的鸿篇巨
制，而是留下了现代化的种种思考；韦伯没有提出现代化的模式，
而是提供了探讨、争议、辩论的机会；韦伯没有用现代化理论为自
己树起丰碑，而是给后人留下了探索的事业；韦伯没有留下累累硕
果，但他开拓了一片生荒。勤于耕播的人，是会有收获的。"地诚
任，不患无财"，偌大大中华，自能立于世界先进民族之林。

---

① 转引自杜纳德·麦克雷：《社会思想的冠冕：韦伯》，时报出版社 1983 年台湾版，
第 77 页。

人名索引

A

阿多尔诺，特奥多尔·维森格伦德　Adorno，Theodor Wiesengrund

阿尔贝特，汉斯　Albert，Hans

（瓦莱的）阿尔科伯爵，封·安东　Anton Graf von Arco auf Valley

阿伦特，汉娜　Arendt，Hannah

阿隆，雷蒙　Aron，Raymond

阿柯瓦雷伯爵，安东　Graf von Arco auf Valley，Anton

奥斯特洛戈尔斯基，莫伊赛　Ostrogorski，Moisey

艾斯纳，库尔特　Eisner，Kurt

艾伊，卡尔·路德维希　Ay，Karl-Ludwig

埃尔茨贝格尔，马蒂亚斯　Erzberger，Matthias

B

巴登亲王马克西米连　Prinz Maximilian von Baden

拜尔，豪尔斯特　Baier，Horst

鲍姆加滕，爱德华　Baumgarten，Aduard

鲍姆加滕，赫尔曼　Baumgarten，Hermann

贝尔，丹尼尔　Bell，Daniel

倍倍尔，斐迪南·奥古斯特　Bebel，Ferdinand August

本迪克斯，莱因哈德　Bendix，Reinhard

比恩鲍姆，伊曼努埃尔　Birnbaum，Immanuel

波普尔，卡尔　Popper，Karl

四版译后记

一、作为谋生手段的政治

三版译序里那位古滕贝格男爵回来了，为他所在的基社盟助选。当年去官，是因为博士论文中大段引文未注明出处，连引号都没有。授予博士学位的拜罗伊特大学设专家组，调查此事，结果证明多处剽窃属实，收回了他的博士学位。近年来查出的政界剽窃论文为数不少，从欧盟到联邦、州一级政要应有尽有，仅默克尔上届内阁，就查出三位剽客。中彩最高的是"左棍"扎堆的绿党，老少多混混，又喜光环。其实，被查出来的还算老实人，天衣无缝的是出钱买专业枪手做的，品味不高，混个将及格。重要的是，枪手绝不会授人以柄，金主的安全第一。

在德国，除了两个行业，任何职业都有专业教育和培训要求，年头够了，成绩达标，才能拿到文凭，从相当于博士后的教授文凭到理发师出师文凭，都是求职或开业的前提。两个例外：政治家和婊子不需文凭，只要有选票有嫖客就成。世风日下，今天的德国政党和政界，远非韦伯时代，从政者以政治为使命。初出道者，参加地方一级竞选，多为没有职业但有时间的人，开一次会拿80欧津贴，每周至少一次会议。混下一届来，就有了竞选州、联邦、欧盟议会议员的资格，当然要贴不少时间，泡啤酒馆，跟选民套近乎。这三级都有逐年增长的津贴。各州津贴不一，我所在的黑森州，议员当下津贴为每月 7.583 欧元，外加车马费 533 欧元。联邦议员月补 9541.74 欧元，外加 4318.38 欧元车马费。欧盟议员月补和车马费合计 17.827 欧元，开会另有补贴。开会不见人，领钱的时候排长队，是欧盟议会一景。

德国议会门槛高，得票率达到 5% 的政党才能进议会。一个党落选，它的候选人当然也就失业了。这时，一条金光大道豁然开了，各大银行、企业都来拉人，因为这些人从政期间混出大量人缘儿，还掌握了国家大量机密，这些正是大企业求之不得的。社民党前总理施罗德甚至在位时便要求党代表们投他不信任票，落选后马上进入俄罗斯石油子公司极光的股东委员会，担任主席。今年德国大选前，施罗德又兼任上俄罗斯石油另一家子公司极光第二的董事会主席，以此身份回国为社民党助选。如今，政治成了饭碗，进而成了赚大钱的阶梯。难怪议会辩论时各党都为赞助商说话，柏林航空公司破产，第二天默克尔就宣布政府将出钱救，还此地无银曰：这笔钱不会落在纳税人身上。难道政客们掏腰包？

回过头再说古滕贝格男爵。去官后，他被欧盟负责数字时代的克略斯女士聘为义务顾问，为保护专制国家的网络自由进言。两年下来，一言未进，倒是报销了两万欧元差旅费。之后，他便将重心转到美国，2013 年在纽约创建了一家投资与咨询公司，旨在打通与欧洲的贸易和在当地投资的途径。公司是自家的，却冠以"施皮茨伯格与合伙人"之名，用心良苦，可见一斑。此外，他还在几家公司任咨询师。男爵咨询重心在经济与技术发展方面，用上了2009 年 2 月到 10 月他当联邦经济与技术部长期间铺下的人脉。

1917 年 11 月，韦伯为慕尼黑大学生演讲《以学术为业》，至今整 100 年，到 2019 年 1 月，《以政治为业》也百岁了。可以告慰韦伯的是，如今德国学术界基本上是块净土，政治界却荒唐到不能再荒唐了。天假以年，韦伯的失望和愤怒可以想见。

记于 2017 年 9 月德国大选前夕

二、原教旨政党

事情的发展超出想见，大选后选民的失望与愤怒在德国史无前例，随着事态演变，如今变成了无奈与无言：各党谈来谈去，四个月了，还组不了阁。各自坚持一党的党章，用韦伯的话说就是"原教旨"。面对大批涌入的难民和由此造成的财政与治安失控，所谓人权党仍然坚持"跟进"政策，寸步不让：一个难民进来，政府就要负责帮助他全家移民德国。他们天天出入国会，却视而不见大厦门楣上的"为德国人民服务"。这个月再不能组阁，只剩两种选择了：一是基民盟／基社盟以少数执政，这基本行不通，因为事无巨细，都要议会在野党多数通过才行。二是重新大选，其结果可想而知：被原教旨政党孤立的 AFD（德国选择党）将大获全胜。四年前大选，刚成立的 AFD 得票率即达到 4.5%，差 0.5% 没能进入议会，这次大选得票率 12.6%，一跃成为议会第三大党。这个被原教旨政党孤立，甚至诬为极右党、新纳粹党，其成员，大多来自现成的几个党，清一色的知识份子，不乏教授、法官、政府高官、企业高管、高级军官及警官，现在的两位主席，一位是经济学教授，一位是前黑森州州长府国务秘书。四年前该党成立时的理念是退出欧元区，眼下实务是遏止现行难民政策，总之是维护德国经济界和百姓的利益。

2018 年初补于德国大选后

三、天降之任的政治与责任伦理

98 年前，德国处在空前困境，"一战"失败，帝国崩溃，各地纷纷建立新政权，慕尼黑甚至成立了苏维埃政权。学者韦伯投笔从政，参与组建左翼自由主义政党德国民主党，竞选国会议员，作为顾问随德国代表团出席凡尔赛和会，为德国利益据理力争。《以政治为业》就是这个时候对慕尼黑大学生的演讲。关于从政，韦伯使用的是马丁·路德翻译《圣经》时初次使用的 Beruf 一词，相当于使命、天降之任。韦伯把政界人士分成为政治而活的人和为活着而从政的人，对于两种人，政治首先都是使命，其次才是生存手段。所以，党的机关是绅士团体，地方支部领导无一例外是德高望重的义工。

韦伯把伦理分为信念伦理与责任伦理，信念伦理是教旨，责任伦理是政党伦理。与当今基民盟和基社盟相反，基督徒韦伯反对把耶稣在《圣经·登山宝训》里宣传的博爱作为政治理念："如果出世的仁爱伦理的结论是：'勿用暴力抵抗恶行'，那么，对于政治家来说，这句话应该反过来才有用：你应当用暴力抵抗恶行，否则，你要对它的得势负责。"

战后德国政治家都以政治为天降之任，韦伯的政治论文作为必读物。第一任总统豪斯和社会民主党前总理施密特都以责任伦理为座右铭，后者在位时说过："我非常赞同韦伯，因为刚一读韦伯，我就有一种找到自我的感觉。韦伯说，一个为他人服务的政治家，绝不能回到他的信念或'信念伦理'去，而是，现在我逐字引用韦伯 1919 年《以政治为业》里说的：要对他行为的后果负责。"(1981 年 3 月 12 日，康德纪念会上的发言)

两德统一后，新的一代登上了柏林政坛，他们的经历与前几代人完全不同，根本不知道责任伦理是什么。他们的语汇里没有作为天降之任的政治，他们说的是政治职业或政治生涯。政党里分出原教旨派，国家成了慈善机构，最后没了政府，临时政府无执政能力。现在是读韦伯的政治文章的时候了，当务之急是读《以政治为业》。

2018 年 2 月 16 日识于本书四版付印前

Max Weber

Gesammelte Aufsätze

zur

Wissenschaftslehre

6. Auflage (1985)

Max Weber

Gesammelte

politische

Schriften

4. Auflage (1980)

J.C.B.Mohr (Paul Siebeck Tübingen)

根据联邦德国莫尔出版社 1985 年重新审阅第 6 版《马克斯·韦伯科学理论论文集》第 582—613 页和 1980 年增订索引第 4 版《马克斯·韦伯政治论文集》第 505—560 页译出。

图书在版编目 (CIP) 数据

天降之任：学术与政治／（德）马克斯·韦伯著；王容芬译 . —北京：
中央编译出版社，2018.3（2019.3 重印）
ISBN 978-7-5117-3557-7

Ⅰ. ①天…

Ⅱ. ①马… ②王…

Ⅲ. ①社会学－研究

Ⅳ. ① C91

中国版本图书馆 CIP 数据核字 (2018) 第 021265 号

天降之任：学术与政治

出 版 人：葛海彦
出版统筹：贾宇琰
责任编辑：盛菊艳
责任印制：刘 慧
出版发行：中央编译出版社
地　　址：北京西城区车公庄大街乙 5 号鸿儒大厦 B 座 (100044)
电　　话：(010) 52612345（总编室）　　(010) 52612335（编辑室）
　　　　　(010) 52612316（发行部）　　(010) 52612346（馆配部）
传　　真：(010) 66515838
经　　销：全国新华书店
印　　刷：北京紫瑞利印刷有限公司
开　　本：710 毫米 ×1000 毫米　1/16
字　　数：147 千字
印　　张：11
版　　次：2018 年 3 月第 2 版
印　　次：2019 年 3 月第 2 次印刷
定　　价：32.00 元

网　　址：www.cctphome.com　　邮　箱：cctp@cctphome.com
新浪微博：@ 中央编译出版社　　微　信：中央编译出版社 (ID：cctphome)
淘宝店铺：中央编译出版社直销店 (http://shop108367160.taobao.com)(010) 55626985

本社常年法律顾问：北京市吴栾赵阎律师事务所律师　闫军　梁勤
凡有印装质量问题，本社负责调换，电话：(010) 55626985